/ 幼儿园园长专业能力提升丛书 /

为远航助力

——园长政策把握及规划、计划制订能力的提升

苏 婧 丛书主编
吕国瑶 田彭彭 本书主编

北京师范大学出版集团
BEIJING NORMAL UNIVERSITY PUBLISHING GROUP
北京师范大学出版社

图书在版编目（CIP）数据

为远航助力：园长政策把握及规划、计划制订能力的提升/吕国瑶，田彭彭主编. —北京：北京师范大学出版社，2017.4（2024.1重印）

（幼儿园园长专业能力提升丛书/苏婧主编）

ISBN 978-7-303-22262-9

Ⅰ. ①为… Ⅱ. ①吕… ②田… Ⅲ. ①幼儿园—管理 Ⅳ. ①G617

中国版本图书馆 CIP 数据核字（2017）第 068170 号

图书意见反馈　　gaozhifk@bnupg.com　010-58805079
营销中心电话　010-58802181　58805532

出版发行：北京师范大学出版社　www.bnupg.com
　　　　　北京市西城区新街口外大街 12-3 号
　　　　　邮政编码：100088
印　　刷：北京溢漾印刷有限公司
经　　销：全国新华书店
开　　本：787 mm×1092 mm　1/16
印　　张：9
字　　数：160 千字
版　　次：2017 年 4 月第 1 版
印　　次：2024 年 1 月第 5 次印刷
定　　价：25.00 元

策划编辑：罗佩珍　　　　　责任编辑：康　悦
美术编辑：焦　丽　　　　　装帧设计：锋尚设计
责任校对：陈　民　　　　　责任印制：马　洁
封面插图：米渼妍（北京市西城区槐柏幼儿园，4 岁）
指导教师：张　伟

版权所有　侵权必究

反盗版、侵权举报电话：010-58800697
北京读者服务部电话：010-58808104
外埠邮购电话：010-58808083
本书如有印装质量问题，请与印制管理部联系调换。
印制管理部电话：010-58805079

丛书编委会

主　编：苏　婧

副主编：吕国瑶　张伟利　田彭彭

编　委：（按姓氏拼音排序）

曹慧弟　陈　立　成　勇　范建华

李　奕　刘峰峰　刘淑新　刘晓颖

柳　茹　申桂红　王　岚　王艳云

杨　颖　于渊莘　张爱军　朱继文

朱小娟　邹　平

本书编委会

主　编：吕国瑶　田彭彭

编　委：（按姓氏拼音排序）

　　　　刘淑新　吕国瑶　田彭彭　朱小娟

　　这几年在和园长交流和接触的过程中，他们经常谈到的一个话题就是，现在当一个园长太不容易了，甚至怀疑自己是不是能力不行，胜任不了园长这个岗位。当然，这并不代表现在我们园长的能力下降了，有这种感觉恰恰说明他们已经在思考：新的社会和时代背景下，怎样才能当好一个园长？随着国家教育改革的不断深化，学前教育也越来越受到重视，迎来越来越多的发展良机，当然也面临着越来越多的挑战。一方面，在市场经济条件下，如何使自己的幼儿园办出特色、树立品牌，从而能够在竞争激烈、百花争放的大环境中站稳脚跟，长远发展，是所有园长必须考虑的现实课题；另一方面，在校长专业化的大背景下，园长专业化的呼声已初见端倪，公众对幼儿园园长的要求越来越高，怎样通过提升自身素养，进而提升幼儿园管理品质，推动幼儿园质量的全面提升，并最终促进幼儿的全面和谐发展，也是园长们不可回避的现实问题。所以，作为幼儿园的管理者、第一责任人，园长在幼儿园的改革和发展中，发挥着举足轻重的作用，不能觉得自己"业务"强就可以应对幼儿园发展过程中的所有问题，新的形势要求园长必须全面提升综合素养。

　　北京作为经济、文化、科技创新迅速发展的现代化都市，其幼教事业也发生着日新月异的变化。作为首都幼教改革的"火车头"，幼儿园园长们的专业水平决定着这列火车跑得有多快、跑的方向对不对。能不能在新的发展机遇中准确把握国家政策文件精神，做好幼儿园的整体规划？能不能在更为重视公共关系的社会背景下，协调各种关系，服务于幼儿园的对外宣传和品牌建设工作？能不能在家长整体素质提升、需求多样化的要求下，探索新的家长工作思路和方法？能不能结合幼儿园实际工作中遇到的困境，拓展资源渠道，运用科学思维研究出带有规律性的成果，提升幼儿园的整体科研水平？能不能在新教师成为保教工作主力的现实中寻求突破口，探索教师队伍建设的新模式，确保幼儿园保教质量的稳步甚至快速提升？能不能在国家日益重视幼儿身心健康发展的整体趋势下，切实做好幼儿卫生保健和安全管理工作……新的问题不断涌现，我们必须认真想一想：这些我们曾经思考过也取得了大量成果的工作，是否真正摸索到了规律？可以从中借鉴什么？如何在《幼儿园园长专业标准》的要求下真正发挥引领作用？这都是我们要继续深入研究的。

在这个机遇与挑战并存的时代，作为主管全园工作的领导者，园长肩负的责任、使命可谓任重道远。一个人成长为园长是不容易的，从初任园长到一名优秀园长短则需要三五年时间，长则需要六七年甚至更长时间。传统的师傅带徒弟式的传帮带方法仍不失为一种不错的方法，但在今天这样一个讲求成本和效率的时代，我们完全可以通过更加科学有效的方法，更快更好地促进园长的专业化成长，提升其领导力。因此，对幼儿园园长的领导行为、专业素养、专业能力进行研究，既是一个在幼教改革中必须面对的现实课题，具有重要的现实指导意义，也是一个事关幼教可持续发展的长远问题，具有深远的历史意义。

现代社会具有复杂性、多变性、随机性和竞争性，发展节奏快，新知识、新科学、新技术不断涌现。幼儿园并不与世隔绝，同样处于多变的社会之中，幼儿园的发展也要适应全面改革和社会发展的需要。所以，现代的幼儿园园长除了要拥有热爱幼教事业的情怀外，还需要有终身学习的意识，要在实际工作中通过不断学习、思考、再学习、再思考，掌握解决、处理各项园所事务的能力。

北京教育科学研究院早期教育研究所苏婧所长和她所带领的北京市学前教育兼职教研员队伍"园长管理组"成员，从 2013 年起致力于幼儿园园长专业素养、专业能力的研究。团队成员都是来自北京市各区县的教研员和名园长，在园长管理工作模式和专业发展等方面都很有心得，具有丰富的实践经验。这个团队在深入研究的基础上奉献给大家的这套《幼儿园园长专业能力提升丛书》，以扎实的理论知识结构为基础，以多年认真积累的实践研究为依据，总结提炼出 12 项园长胜任本职工作应具备的专业能力。书中对每一项专业能力的概念、基本原则、方法和途径等都进行了详细的论述，同时又通过大量的图示和鲜活的实例，让所述的内容变得生动活泼，便于理解和操作。对于幼儿园管理者来说，这 12 项专业能力既是要求，也是目标。他山之石，可以攻玉。虽然别人的经验并不能完全解决我们现实中遇到的问题，但是，借鉴别的园所好的经验，一定会有助于我们幼儿园园长的成长，帮助我们明确一个合格园长需要具备的基本能力和素质要求。同时，也会对我们科学系统地规划自己的园长职业生涯提供必要的指导，帮助我们成为全面而又专业的幼儿园管理者。此外，这套丛书也有助于我们澄清工作中一些认识不清的问题，提升我们的专业理论水平。

这套丛书是幼教工作者在幼儿园园长专业发展方面持续探索过程中的阶段性成果，它不仅给我们提供了借鉴，也为我们指引了方向。我相信，今后一定会有大量关于幼儿园园长专业发展的研究成果出现，这将对我们首都学前教育，甚至全国学前教育的发展产生积极的影响和促进作用。

北京市教育委员会学前教育处处长　张小红

2017 年 2 月

园长专业素养的研究框架、实施途径和策略

学前教育是终身教育的开端，是基础教育的基础，是国民教育体系的重要组成部分。办好学前教育，关系到亿万儿童的健康成长和千家万户的切身利益，关系到国家和民族的未来。

教育部颁发的第二个学前教育三年行动计划提出的重点任务是扩大总量、调整结构、健全机制、提升质量，而"提高幼儿园教职工的专业素质和实践能力，进一步规范办园行为，深入贯彻落实《3－6岁儿童学习与发展指南》，促进幼儿身心健康和谐成长"是其中的重要内容。"提升学前教育质量，是当前和今后学前教育必须努力的方向，对质量的追求是学前教育工作者必须不断付出努力的工作。"幼儿园园长作为幼儿园的第一责任人，其素质直接关系到幼儿园的发展及幼儿教育的质量。学前教育的内涵发展急需具有专业水准的园长队伍的支撑和保障。但是，由于历史原因，我们的园长职业资格准入要求不高，多由一线幼儿教师升任或由上级行政部门直接派遣，加之近几年扩大办园规模涌现了不少新任园长，缺乏全面、系统的专业培训，致使很多园长的实际能力和素质与园长管理工作的要求还存在一定差距，这在一定程度上限制了园长的专业发展，也影响到了幼儿园的科学、优质发展。

专业能力是园长专业化发展在教育实践中的集中体现，是保障其完成职业要求和工作职责的必要条件。园长的专业能力不同于中小学校长，因为中小学是以学科教学为核心的能力结构，而幼儿园必须凸显幼儿园保教结合、以游戏为基本活动的特点，以及环境、生活对幼儿发展的重要价值和独特作用。因此，幼儿园园长的专业能力结构是全方位的、多方面的，具有综合性特点。从新颁布的《幼儿园园长专业标准》看，幼儿园园长被定义为履行幼儿园领导和管理工作的"专业"人员。园长的专业发展水平直接影响到幼儿园的发展方向，直接影响到幼儿园教师的专业发展，直接影响到一个幼儿园的教育教学质量，并最终影响到幼儿的发展。

基于园长职业的特殊性和重要性，我们将研究的视角聚焦于此，拟基于幼儿

园管理实践现场，梳理幼儿园园长的专业素养结构和能力要求，提供有针对性的培养策略与支持途径，从而助力于高质量、专业化和可持续发展的学前教育实践管理者队伍的建设。在分析国内外文献的基础上，我们参考教育部颁布的《义务教育学校校长专业标准》《幼儿园教师专业标准(试行)》和《幼儿园园长专业标准》，从横向和纵向两个角度来构建幼儿园园长专业素养结构(见表1)。从横向来看，我们认为幼儿园园长专业素养结构包括四个方面，分别为研究维度、研究领域、每个领域所包含的支撑要素以及针对支撑要素所细化出的基本指标。从纵向来看，我们认为园长的专业发展是一个动态的过程，不同的园长有着不同的专业发展历程，这是一个不断变化着的、开放的系统，受到多种因素综合作用的影响和制约。园长专业素养是指园长为实现其园所管理目标、承担其园长角色时，在专业精神、专业知识和专业能力三个维度所需具备的素质及要求。其中，专业精神和专业知识都是相对固定的，是经过系统的培训和学习就能够基本具备的，是一种偏静态的素养构成。而专业能力则是灵活和可变的，而且具有鲜明的个性特色，是专业精神、知识以及指导下的行为三者的结合，是真正决定园长素养高低的关键要素。因此，我们将研究重点定位在园长的"专业能力"上，并将其分为"本体性能力"和"延展性能力"两方面。其中，"本体性能力"是指园长在胜任其岗位职责时所应具备的基本能力，而"延展性能力"则是对园长在专业发展的道路上提出的目标和努力方向。我们梳理出园长的专业精神、专业知识以及各项专业能力所涉及的"领域""要素""基本指标"，并进一步针对"本体性能力"整理归纳出更为清晰的、操作性强的培养策略与途径。这样，不仅能将动态和静态两方面因素有机结合起来，而且也能更加深入地把握园长专业素养的本质。

表 1　幼儿园园长专业素养结构

维度	领域	要素	基本指标
专业精神	专业理念	儿童观	对儿童发展整体性的理解与认识
			对儿童发展阶段性的理解与认识
			对儿童发展差异性的理解与认识
		教育观	对于教育本质的理解与认识
			对于教育目的的理解与认识
			对于教育方式、方法的把握
		职业观	对幼儿教育工作的态度与看法
			对于园长角色、职责的理解与认识
			对园长职业的规划

续表1

维度	领域	要素	基本指标
专业精神	专业品质	个性品质	具有主动、积极的品质
			具有诚信、公平、敢于担当的品质
			具有终身学习的意识
		职业道德	奉献精神
			爱岗敬业
			服务意识
专业知识	通识性知识	哲学基本知识	运用辩证唯物主义的观点看待问题
			系统性思维
		管理学基本知识	科学管理理论
			过程管理理论
			系统管理理论
			决策管理理论
		社会学基本知识	组织文化理论
			组织行为学理论
		法律法规基本知识	宪法相关知识
			民法相关知识
			经济法相关知识
			教育法相关知识
		财务基本知识	经费预算知识
			经费管理知识
		信息技术基础知识	有关教育技术发展趋势的知识
			教育技术的基本概念、基本理论知识
			教育技术与课程、教学开发相结合的知识

续表 2

维度	领域	要素	基本指标
专业知识	专业性知识	教育学基本知识	课程、教学知识
			教育科研方法知识
		心理学基本知识	普通心理学知识
			发展心理学知识
		学前教育基本知识	学前儿童心理学知识
			学前教育学知识
			学前儿童卫生保健知识
			幼儿园课程知识
			幼儿教育科研方法知识
		幼儿园管理基本知识	幼儿园行政管理知识
			幼儿园保教管理知识
			幼儿园科研管理知识
			幼儿园总务管理知识
			家长工作知识
			教职工队伍建设知识
			文化建设知识
	实践性知识	园所文化建设知识	幼儿园文化特征的知识
			幼儿园文化创建的知识
		教育教学指导与评价相关知识	促进幼儿发展的知识
			促进教师专业发展的知识
		应激性知识	处理突发事件的知识
			危机管理知识
专业能力	本体性能力	政策把握与执行能力	掌握学前教育相关政策、法律法规
			了解学前教育发展趋势与改革动态
		园所规划、计划能力	了解、诊断幼儿园发展现状
			明确发展愿景、目标
			突出发展规划、计划重点
			保障发展规划实施

续表3

维度	领域	要素	基本指标
专业能力	本体性能力	园所文化建设能力	建设园所精神文化
			建设园所物质文化
			建设园所制度文化
			建设园所行为文化
		保教工作指导能力	指导保教工作计划的制订
			指导保教工作的组织与实施
			对保教工作进行评价与反馈
		卫生保健工作指导能力	指导卫生保健工作计划的制订
			指导卫生保健工作的组织与实施
			对卫生保健工作进行评价与反馈
		课程领导能力	具有关于幼儿园课程及课程领导力的知识
			具有课程改革与实践的专业精神
			选择与规划幼儿园课程
			开发与建设幼儿园课程
			推动幼儿园课程实施
			组织和开展幼儿园课程评价
		教科研管理能力	发现、筛选研究问题，把握研究方向
			做好课题研究的过程管理
			总结、固化、推广教科研成果
		队伍建设能力	选拔、聘用教职工
			规划教职工队伍建设
			提升教职工队伍素质
			稳定教职工队伍
		指导家长工作能力	指导教师树立正确的家长工作观念，学习家长工作的基本方法
			关注教师与家长沟通能力的提升
			指导教师整合家长资源
		公共关系协调能力	与相关部门沟通、协调
			整合、利用资源
		安全管理能力	组织安全工作
			预见安全隐患并提前预防
			应对和妥善处理幼儿园突发事件
			指导开展幼儿园安全教育
			管理幼儿园信息安全

续表4

维度	领域	要素	基本指标
专业能力	本体性能力	后勤管理能力	指导后勤工作计划的制订
			指导后勤工作的组织与实施
			对后勤工作进行评价与反馈
	延展性能力	学习能力	信息的捕捉能力
			信息的筛选能力
			信息的加工、利用能力
		反思能力	自我监控能力
			自我评价能力
			自我调控能力
		创新能力	把握前沿能力
			批判思考能力

相对应提炼出的12项幼儿园园长应具备的本体性能力，我们又逐一细化出"基本指标"及"培养策略与途径"（见表2），在明确园长专业角色的基础上，进一步对园长的工作内容进行分析，同时为园长专业能力的自我提升提供抓手。

表2 幼儿园园长专业能力（本体性能力）的培养策略与途径

专业能力（本体性能力）	基本指标	培养策略与途径
一、政策把握与执行能力	1. 掌握学前教育相关政策、法律法规	(1)熟悉幼儿园政策、法律法规的基本体系，包括： ·国家层面的法律法规； ·国家部委颁布的条例、法规； ·地方政府、教育行政部门颁布的地方性幼儿教育法规。 (2)依法治园，包括： ·开展幼儿园相关政策、法律法规的宣传教育； ·营造依法治园的环境； ·加强制度建设，对幼儿园依法管理。 (3)维护幼儿园的合法权益，承担法律责任。
	2. 了解学前教育发展趋势与改革动态	(1)成为办园思想的领导者。 ·躬身实践，学会在实践中深入思考教育问题，让管理生"根"； ·不断学习，善于与自己、同伴对话。 (2)具有敏锐的教育洞察力。 ·广泛涉猎，扩宽自身的教育视野； ·善于发现问题，积极开展行动研究。

续表1

专业能力 （本体性能力）	基本指标	培养策略与途径
二、园所规划与计划能力	1. 了解、诊断幼儿园发展现状	把握幼儿园发展现状，分析幼儿园发展面临的问题和挑战，形成幼儿园发展思路。
	2. 明确发展愿景、目标	树立正确的办园思想，把握办园方向。 ·坚持贯彻落实党和国家的教育方针，有正确的办园指导思想，能够带领教职工认真学习有关幼教工作的行政法规和规章，并努力付诸实施； ·及时纠正重教轻保、重智轻德、保教分离等违背教育规律、偏离教育目标的倾向，牢牢把握正确的办园方向。
	3. 突出发展规划、计划重点	充分听取园务会议和教职工的意见，组织专家、家长、社区人士等多方力量参与制订幼儿园发展规划，正确决策，科学制订本园工作计划。
	4. 保障发展规划实施	(1)依据发展规划指导教职工制订并落实学年、学期工作计划，提供人、财、物等条件支持。 (2)对计划的实施过程加强检查督促，及时发现和处理问题。 (3)善于总结经验教训，将有成效的措施与做法逐步标准化、规范化，充分发挥集体的智慧和力量，完成工作计划，实现教育目标，提高管理水平。
三、园所文化建设能力	1. 建设园所精神文化	(1)重视幼儿园精神文化建设，关注精神文化潜移默化的教育功能，提升对幼儿园的专业理解与认知。 (2)宣传幼儿园文化建设的基本理论，利用多种渠道，开展丰富多彩的活动，营造专业、科学、和谐的氛围。 (3)加强教师专业知识与方法的学习，引导教师丰富人文、自然知识，提升个人综合素养。
	2. 建设园所物质文化	(1)将安全放在首位，确保场地、玩教具等的安全，积极排查和消除环境中可能存在的不安全因素。 (2)整体设计，合理规划，满足幼儿、教职工的不同需求，营造和谐、统一的环境。 (3)因地制宜，从园所实际出发，整合家长、社区等多方资源。 (4)注重发挥环境的育人功能，重视物质环境创设中幼儿的参与及环境与幼儿的互动。

专业能力 （本体性能力）	基本指标	培养策略与途径
三、园所文化建设能力	3. 建设园所制度文化	（1）召开党支部会、园务会、全体教职工大会等，帮助教职工明确制度建设的重要意义。 （2）发动全体教职工参与讨论，在统一认识的基础上制订合适的制度。 （3）建立健全各项规章制度。 （4）强化日常的过程考核，将考核结果与年终考核、调资、职评等挂钩。
	4. 建设园所行为文化	**幼儿园交往行动文化之——教师间交往** （1）和谐相处原则。要做到鼓励教师之间欣赏优点，包容缺点；真诚交流，建立信任关系。 （2）合作分享原则。要做到增加教师交流机会；慎用评比，不用一把尺子衡量。 **幼儿园交往行动文化之——师幼交往** （1）尊重幼儿原则。要做到接纳幼儿的年龄特点；鼓励幼儿大胆尝试；重视幼儿教师的情绪管理。 （2）关注幼儿个体差异原则。要做到接纳幼儿的不同个性特征；鼓励幼儿表达不同观点；敏锐发现幼儿的不同需求与变化。 **幼儿园交往行动文化之——家园交往** （1）平等相处原则。要做到鼓励换位思考，互相理解；满足不同家长的需求；谨慎谈论幼儿的不足。 （2）互动合作原则。要做到培养教师的积极态度；目标一致，合力合作；加强教师的沟通技能。 （3）深入交往原则。要做到增加交往的频率；丰富交往的形式。 **幼儿教师学习行为文化** （1）关注教师学习整体性原则。要做到提供充足有用的学习资源；园长与教师有效沟通，做到期待与理解一致；以多元化路径激发教师主动发展。 （2）尊重教师学习个体差异性原则。要做到倾听并了解教师的学习需要；提供差异化学习培训。 （3）重视教师反思能力原则。要做到鼓励参与式学习、探究式学习和反思训练；给予教师反思的时间。 （4）重视团队合作原则。要做到营造宽松的团队学习氛围；组织多元化的团体学习。 （5）支持教师自主学习原则。要做到给予教师可自由支配的时间；以教师为主导，改变单向的学习模式。

续表3

专业能力 （本体性能力）	基本指标	培养策略与途径
四、保教工作指导能力	1. 指导保教工作计划的制订	(1)看计划，想实践。结合园长进班看实践获得的第一手材料、信息，审视保教计划的适宜性和可行性。 (2)听思路，细沟通。倾听业务管理者的想法和思路，通过研讨的方式共同制订工作计划。
	2. 指导保教工作的组织与实施	(1)随机和定时进班相结合。 (2)共同经历实践，研讨分析问题，寻找解决办法。 (3)注重个别沟通技巧，树立园长威信。
	3. 对保教工作进行评价与反馈	(1)通过自下而上和自上而下双向结合的方式研究、制定评价标准，开展教育教学工作评价、幼儿发展水平评价。 (2)确保评价过程的公开公正。 (3)对评价结果进行反思与反馈。 •了解、分析和反思评价结果，予以奖励或查找问题原因，并改进、完善工作计划； •针对问题与教师或班级进行个别反馈沟通，引导教师调整改进。
五、卫生保健工作管理能力	1. 指导卫生保健工作计划的制订	(1)加强领导，有序安排。 •成立幼儿园卫生保健工作领导小组； •制定园所卫生保健检查标准； •依据标准定期对卫生保健工作进行检查； •了解当前卫生保健情况，依据所发现的问题制订相应计划并有针对性地予以指导。 (2)明确任务，制订目标。 •加强卫生保健人员的思想意识和学习，定期组织培训； •针对上学期出现的问题以及可预知的问题，明确本学期的工作任务，根据任务制定本学期要完成的目标。 (3)突出重点，要求明确。 •制订具体可行的措施，明确规定各项工作的内容及质量要求。
	2. 指导卫生保健工作的组织与实施	(1)明确卫生保健工作的任务与内容。 (2)加强卫生保健机构和设施建设。 •配备专职保健人员，设保健室； •重视卫生保健设施的配制，从行政上和经济上给予保障。 (3)完善卫生保健工作制度建设。 (4)加强卫生保健队伍业务能力建设。 (5)形成卫生保健工作程序。 (6)加强部门沟通与协作。 •成立相应的协作组织(如膳食管理委员会、卫生检查小组、安全保卫小组等)，来完成各项卫生保健工作。 (7)建立家园联系，共促幼儿健康成长。

专业能力 （本体性能力）	基本指标	培养策略与途径
五、卫生保健工作管理能力	3. 对卫生保健工作进行评价与反馈	(1)完善检查与评价标准。 (2)多种评价方式相结合。 ·定期评价与不定期评价相结合； ·单项评价与综合评价相结合； ·阶段性评价与结果性评价相结合。 (3)建立科学的评价机制。 ·建立专门的考评小组； ·加强日常考评； ·完善考评程序。 (4)建立有效的反馈机制，及时反馈。 ·考核评价结果要及时公示； ·考核评价结果要正确反馈； ·考核评价结果要充分利用。
六、课程领导能力	1. 具备关于幼儿园课程及课程领导力的知识	(1)了解和反思课程领导和园长课程领导的概念、特征、构成要素、现实迫切性等。 (2)了解和反思幼儿园课程的概念、构成要素和我国幼儿园课程的历史发展等。 (3)结合实践进行反思和总结。
	2. 具备课程改革与实践的专业精神	(1)提升勇于课程改革和实践的自觉意识(专业自信、专业坚守、专业追求)。 (2)提升领导课程改革和实践的自主实践能力(研究幼儿、研究幼儿园课程、研究幼儿园文化)。 (3)促进自身在引领课程改革和实践的过程中不断自我超越(自我培训、专题培训)。 (4)不断反思，明晰课程的价值取向(把握关键要素，掌握方法策略)。
	3. 选择与规划幼儿园课程	(1)掌握课程选择与规划的原则，基于本园特点选择与规划课程。 (2)"博览"多家课程、多种课程表现形式。 (3)对比分析和深入分析，准确判断本园课程的现状和发展目标。 (4)在讨论和实践的过程中摸索、制订幼儿园课程规划，并着力实施规划。

续表5

专业能力 （本体性能力）	基本指标	培养策略与途径
六、课程领导能力	4. 开发与建设幼儿园课程	（1）深入认识和理解课程开发与建设的含义，尤其是理解园本课程的含义。 （2）认识和了解园本课程开发与建设的背景和条件。 （3）掌握园本课程开发与建设的原则、方法与策略。
	5. 推动幼儿园课程实施	（1）构建推动课程实施的领导体系。 （2）推动和保障课程实施的管理制度建设。 （3）遵循推动课程实施的原则（课程领导是核心，发挥教职工的主动性，系统推进，共同愿景）。 （4）在参与和指导课程实践中推动课程实施。
	6. 组织和开展幼儿园课程评价	（1）深刻认识幼儿园课程评价的重要意义。 （2）了解和掌握幼儿园课程评价的功能、对象与类型。 （3）遵循幼儿园课程评价的原则（功能多样性，评价主体多样性，诊断和改进性）。 （4）掌握幼儿园课程评价的组织方法与策略。
七、教科研管理能力	1. 发现、筛选研究问题，把握研究方向	（1）双向互动，聚焦关键问题。 · 园长从自身经验、入班观察记录、家长问卷、教师访谈和上级文件精神等出发，结合园所发展现状，初步确定可作为教科研专题的内容； · 教师聚焦本班幼儿发展、家长工作、教育教学、班级管理等方面存在的突出问题，通过教研组等向园长反映。 （2）借助外力，为我所用。 · 积极与园外科研机构、高校、研修部门及各级主管部门沟通，共同分析并明确幼儿园的教科研思路和基本方向，保证教科研思路的科学性和研究的可行性，提升教科研方向的引领性。 （3）客观分析，准确定位教科研方向。
	2. 做好课题研究的过程管理	（1）园长亲自参与研究，把握教科研过程。 （2）定期了解、检查各项教科研工作的开展情况，做好阶段总结。 （3）合理配置资源，人尽其才，物尽其用。
	3. 总结、固化、推广教科研成果	（1）定期对教科研成果进行总结和梳理，进行阶段性总结。 （2）通过专业期刊发表教科研成果，扩大影响效果和范围。 （3）通过观摩展示的方式，分享和交流经验，进而提高教师的教科研能力。

续表6

专业能力 （本体性能力）	基本指标	培养策略与途径
八、队伍建设能力	1. 选拔、聘用教职工	(1)明确实施原则： ·理念层面：以德为先； ·专业层面：结构合理； ·方法层面：秉持原则； ·全局层面：可持续发展。 (2)选拔与聘用教师的实施途径与方法： ·要关注教师所实习的幼儿园的评价； ·要关注教师对面试问题的回答； ·需要借助一定的工具，有针对性地了解教师； ·保持开放的心态； ·与高校合作培养、选拔； ·要关注园所的可持续发展和人的可持续发展； ·要关注教师成长的关键期； ·要关注教师队伍中的特殊群体。
	2. 规划教职工队伍建设	(1)明确实施原则：先进性、前瞻性、计划性、独特性。 (2)教师队伍规划的实施途径与方法： ·进行教师队伍现状分析； ·明确教师队伍规划的理念与目标； ·明确教师队伍规划的具体思路与措施：自上而下型；自下而上型。
	3. 提升教职工队伍素质	(1)明确实施原则：师德为先、以人为本、质量为先。 (2)提升教师队伍质量的实施途径与方法： ·重视师德建设，提高教师道德素质； ·完善培训机制，有效支持教师专业发展； ·完善教师管理机制，调动教师工作积极性； ·促进教师专业化发展，提升教师队伍质量。
	4. 稳定教职工队伍	(1)明确实施原则：自主原则、幸福原则、服务原则、发展原则。 (2)稳定教师队伍的实施途径与方法： ·环境育人，文化聚人； ·双激励，满足教师需要； ·成就自我，享受幸福； ·心有所属，体验归属感。

续表 7

专业能力 （本体性能力）	基本指标	培养策略与途径
九、指导家长工作能力	1. 指导教师树立正确的家长工作观念，学习家长工作的基本方法	(1)引导教师树立家园共育的意识，明确家园合作的重要性。 (2)引导教师树立正确的家长观，明晰家长的角色定位，对不同类型家长进行分析，采取有针对性的工作方法。 (3)建立有效的家长工作制度和流程，比如，形成家园联系的"三会"模板： • 新教师家长工作的难题分享会； • 经验型教师家长工作的创意会； • 骨干教师家长工作的微课展示会。 (4)引导教师逐步掌握家园形成合力四部曲： • "拽"出来的前奏； • "顺"出来的精彩； • "引"出来的高潮； • "牵"出来的完美。 (5)指导教师学习、掌握家长工作的基本方法： • 讲课式指导和活动式指导相结合，以活动式指导为主，增强家长的主动性、参与性； • 选择家庭中教子有方的家长组成骨干队伍，促进指导活动的互补性； • 随机指导、个别指导和集体指导有机结合，提高指导活动的针对性。
	2. 关注教师与家长沟通能力的提升	(1)提升教师的沟通意识，通过案例分析、问题解答等引导其学习家园沟通的艺术，丰富其家园沟通的策略与方法。 (2)搭建现代化的家园沟通平台（如 APP、微信公众号），增强家园沟通的便捷性、实效性、情感性。 (3)开展多种形式的家园沟通： • 随机面谈，彰显师者的智慧； • 集体沟通，亮出专业的水准； • 电话沟通，提纲挈领先梳理； • 书面沟通，传递浓浓的关爱； • 网络沟通，拉近心与心的距离； • 短信沟通，换位思考的理解； • 环境沟通，潜移默化的表达； • 家访沟通，倾听家庭的故事。

专业能力 （本体性能力）	基本指标	培养策略与途径
九、指导家长工作能力	3. 指导教师整合家长资源	(1)明确利用家长资源的原则： · 机会均等原则； · 双主体原则； · 幼儿为本原则； · 家园双促进原则。 (2)发挥家长的主观能动性，以多样化的形式、灵活多变的方法引领家长参与到教育中： · 家长委员会——人尽其才，资源互补； · 家长志愿者——凝心聚力，牵手前行。
十、公共关系协调能力	1. 与相关部门沟通、协调	(1)谦虚谨慎，好学多问。 · 要不断学习，掌握较为广博的知识，吸收各方面的信息。 (2)主动应对，用足政策。 · 注重采取多种形式与公众交往，并在交往中促进了解，沟通感情，促进发展； · 要主动、积极地宣传国家相关的法律法规和本园的办园理念、成果，争取各级领导、相关部门的重视和支持。 (3)长期规划，适度宣传。 · 建立幼儿园对外合作与交流机制，开放办园，形成幼儿园与家庭、社会(社区)及其他园所间的良性互动； · 加强幼儿园与社会(社区)的联系，利用文化、交通、消防等部门的社会教育资源，丰富幼儿园的教育活动； · 引导家长委员会及社会有关人士参与幼儿园教育、管理工作，吸纳合理建议。
	2. 整合、利用资源	(1)在观念上，树立任何资源都是可用的现代管理理念。 (2)在眼界上，要具有开阔的视野和独到的眼光。
十一、安全管理能力	1. 组织安全工作	全面了解幼儿园安全管理的基本形式和主要问题，对幼儿园安全工作的重要性有全面、深刻的认识。
	2. 预见安全隐患并提前预防	(1)建立科学、规范的安全管理体系。 (2)把安全教育融入一日生活，定期组织开展多种形式的安全教育和事故预防演练。

续表9

专业能力 （本体性能力）	基本指标	培养策略与途径
十一、安全管理能力	3. 应对和妥善处理幼儿园突发事件	制订幼儿园安全应急预案，如公共卫生事件预案、社会安全事件预案、自然灾害安全预案、应急演练预案。
	4. 指导开展幼儿园安全教育	(1)面向不同人群开展幼儿园安全教育： ·对教师的安全教育； ·对幼儿的安全教育； ·对家长的安全教育。 (2)开展多种形式的幼儿园安全教育： ·文字资料的宣传教育； ·事故案例的宣传教育； ·亲身体验的宣传教育； ·走出去培训与请进来培训结合的宣传教育； ·日常生活中的安全教育。
	5. 管理幼儿园信息安全	配备专职人员管理网络，并对本单位的网络使用情况进行监督、检查。
十二、指导后勤工作能力	1. 指导后勤工作计划的制订	基于已有成绩，预测未来发展，制订切实可行而又鼓舞人心的必达目标，做到"长计划，短安排"。 ·集思广益汇问题； ·七嘴八舌说计划； ·管中窥豹订计划； ·逐层递进做计划。
	2. 指导后勤工作的组织与实施	(1)利用心理效应，营造适度、规范的激励环境。 ·瓦拉赫效应：资源优化配置； ·共生效应：前勤后勤齐心做； ·蝴蝶效应：精益求精共努力； ·鲶鱼效应：不拘一格降人才； ·南风效应：心平气和破难题； ·扁鹊兄弟治病：未雨绸缪有规划。 (2)认识"四个理解点"，强化"创新型"人才的培养。 ·理解前瞻性的教育观点； ·理解园所文化理念； ·理解幼儿的年龄特点； ·理解教师的思维特点。

续表10

专业能力 （本体性能力）	基本指标	培养策略与途径
十二、指导后勤工作能力	3. 对后勤工作进行评价与反馈	(1)深入一线，发现问题，现场指导，及时纠错。 ·奖惩机制人性化； ·奖惩机制公开化； ·奖惩机制可操作化。 (2)开展不同类型的过程评价，如幼儿评价、教师评价、园所评价、自我评价、社会资源评价。 (3)搭建平台，进行多样化学习。

园长的专业发展，是对幼儿园园长职业的重新定位，对园长胜任岗位职责应具备的专业精神、专业知识和专业能力提出了更高的要求。通过与北京市一百多位优秀幼儿园园长的共同研究与探讨，分析影响园长专业发展的综合性因素，挖掘影响其专业发展的多种因素，探讨促进园长专业发展的策略，我们最终搭建出园长专业素养的结构框架，并在此框架的基础上编写成本套《幼儿园园长专业能力提升丛书》。丛书以领导力理论和心理学相关研究为新的理论支撑，目的是帮助广大园长从优秀园长专业发展历程中借鉴经验，明确专业发展意识，从而有目的地确定努力方向，从根本上促进园长个人专业发展，进而推进园长职业群体的专业化进程，实现园长专业化；同时为园长专业发展的研究提供事实和理论依据，也为学前教育管理研究奉献绵薄之力。

本套丛书包括11本分册，涵盖12项幼儿园园长应具备的专业能力(其中，政策把握、规划制订两项能力合为一册)。书中不仅系统梳理了每项专业能力的组成要素、培养策略与途径，而且贯穿设计了案例分析、办园经验分享、拓展阅读资料等多样化的板块，力求使这些专业能力真正做到"看得见，摸得着"，使处于不同发展阶段、不同类型幼儿园的园长更清晰地了解自己所从事岗位的专业要求、内涵以及实施路径，最终达到促进园所保教质量提高，促进幼儿全面、健康、快乐发展的目的。

参与本套丛书编写的作者都是北京市学前教育兼职教研员队伍"园长管理组"的成员。丛书是这个团队全体成员在四年的研究和探讨中，系统梳理工作经验、感悟和思考，提炼而成的有教育理念支撑、有研究过程思辨、有实践经验提升的教育成果。可以说，每一项专业能力都能体现和运用于园长与幼儿、与教师、与家长、与行政部门相处的过程中，每一本书都蕴藏着教育的智慧，都能带给人新的思考。更进一步说，本套丛书是"园长管理组"全体成员对我们所热爱的幼教事业的真诚回报。感谢参与编写的幼儿园园长、教研员以及提供案例支持的幼儿园。主编苏婧负责了整体策划及全书统稿工作。

由衷地感谢北京师范大学出版社罗佩珍编辑，在时间紧、任务重的情况下，正是由于她努力工作，认真负责，本套丛书才得以顺利问世。

期待着《幼儿园园长专业能力提升丛书》能为幼儿园管理者们提供有益的参考，也衷心希望幼教同仁提出宝贵意见。

苏婧

2017 年 2 月

2010 年 7 月，国务院颁布了《国家中长期教育改革和发展规划纲要（2010—2020 年）》（以下简称《教育纲要》），提出了到 2020 年全国学前一年、两年、三年的毛入园率应分别达到 95％、80％和 70％的目标，描绘了学前教育的发展蓝图，体现了国家对学前教育的重视。同时，《教育纲要》还提出了"努力造就一支师德高尚、业务精湛、结构合理、充满活力的高素质专业化教师队伍"的战略目标，这是全面提高教育质量的必然要求。2012 年《3－6 岁儿童学习与发展指南》实施以来，全国的学前教育工作又向前推进了一大步，使学前教育事业的教育教学工作有章可循、有法可依，这对幼儿园的管理干部和保教工作者而言都是件极大的好事。然而，要将《3－6 岁儿童学习与发展指南》的指导思想和各项具体要求一一落实到每个幼儿园，落实到每个园长、每个老师和每个孩子身上，显然不是一件容易的事。作为幼儿园教育者、领导者和管理者的园长，为了贯彻落实政策精神，更好地适应市场竞争和为幼儿教师专业发展营造支持性的外部环境，更需要持续不断地提升自身的专业素养。

办好一所幼儿园的关键在于园长，当好幼儿园园长的关键在于管理。因此，园长是办好幼儿园的中心人物，是使幼儿园更好地发展、促进幼儿健康发展的关键角色。从某种意义上讲，一个好的园长就意味着一所好的幼儿园。因此，园长能够正确掌握学前教育相关政策、法律法规，及时了解学前教育发展趋势与改革动态，以及科学、合理地制订幼儿园发展规划，指导各部门制订出规范、真实、操作性强的工作计划，对提升办园质量，不断提高幼儿园管理的有效性，使幼儿园获得整体上健康、顺利的发展都是十分必要的。

本书对于幼儿园管理者、教育行政部门、园长培训机构及社区教育机构等都有一定的参考价值。幼儿园管理者可以通过阅读本书，对应自身在把握政策、制订园所发展规划及计划方面的专业能力，自主发现不足，查漏补缺，以终为始，找出胜任本职工作的差距，选择合适的在职培训和学习内容，形成科学的个人发展规划；教育行政部门可以用此来测评和选拔合适的幼儿园园长和中层管理人员，有重点地推进幼儿园管理者专业化建设；培训机构可以借鉴书中提到的突出案例及整体思路，有针对性地设计和推出符合园长职业需求的培训课程，提升培训的有效性。

本书是《幼儿园园长专业能力提升丛书》的分册，其作者全部来自北京市学前教育兼职教研员队伍"园长管理组"。本书的第一章、第二章和第三章由田彭彭撰写，第四章和第五章由吕国瑶执笔。

感谢"园长管理组"的全体成员，他们都是在幼教岗位上工作多年的园长或教研员，有着扎实的理论基础和丰富的实践经验。在多次征求大家的反馈和修改建议后，本书的内容得以不断完善。还要感谢朱小娟和刘淑新两位园长对本书编写过程给予的具体指导和帮助。同时也感谢为本书提供案例的幼儿园，他们的大力支持使章节内容更接地气，更易引起读者共鸣。感谢北京市昌平实验幼儿园徐露老师，她对本书前三章及附录部分中的有关教育政策、法律法规进行了收集和后期整理，对部分案例进行了编写，让本书为读者展现的政策、法律法规更加全面、翔实，更加具有时代性。最后，还要感谢北京师范大学出版社的罗佩珍编辑，她独到的视角和高效的工作态度促使本书尽快完成了修改和定稿工作。

由于编者水平有限，书中肯定存在许多不足之处，我们愿意与广大同行和读者分享、交流想法和经验，希望该书能够引起更多学者、园长及其他幼教工作者的广泛关注、讨论和研究，欢迎读者多提宝贵建议，也祝愿《为远航助力——园长政策把握及规划、计划制订能力的提升》这本书，为幼教界同人提供一些信息，补充一些营养，带来一些启示，并有助于《幼儿园教育指导纲要(试行)》和《3—6岁儿童学习与发展指南》在全国各地的贯彻与实施，推动幼儿园教育教学工作的优质发展，为幼教事业的伟大工程添砖加瓦，奉献自己的力量。

编者

2017 年 1 月

目 录

第五章　幼儿园工作计划的制订 　　083

第一章 园长政策、法律把握与执行能力概述

园长的专业能力是园长专业素养的重要组成部分。在当前国家高度重视学前教育的背景下，如何提高园长的专业素养，成为摆在广大学前教育管理者以及园长面前的迫切任务。

《幼儿园工作规程》提出，幼儿园实行园长负责制。园长是幼儿园的主要行政领导者，对全园工作全面负责，这要求园长在实施幼儿园管理的过程中坚持方向性、整体性、协调性等基本原则。园长能否实现有效管理的关键在于园长的专业能力，尤其是政策、法律把握与执行能力。园长的政策、法律把握与执行能力影响着幼儿园的整体发展方向，直接影响着幼儿园的整体保教质量，对幼儿园发展有着重要的意义。①

园长的政策、法律把握与执行能力是指园长在幼儿园管理过程中自觉提升政策、法律意识，积极了解我国学前教育政策、法律相关知识，并努力在幼儿园管理过程中依据政策、法律等相关规定办园，主动了解国内外学前教育改革发展的基本趋势，学习优质幼儿园的成功经验的能力。

第一节 园长提升政策、法律把握与执行能力的背景

一、园长提升政策、法律把握与执行能力是依法治教的必然要求

依法治教是依法治国的重要组成部分。2012 年，教育部颁发《依法治校——建设现代学校制度实施纲要（征求意见稿）》，这在依法治园方面对园长提出了更高的要求。依法治教，就是依照国家关于教育的法律来实施、管理和发展教育。依法治教要求各级国家机关、教育机构、教师、学生及其他社会组织和公民等各

---

① 张燕．学前教育管理学［M］．北京：北京师范大学出版社，2009：257.

种教育主体依法参与教育教学、管理教育事业和其他有关的教育活动。

学前教育作为基础教育的重要组成部分，也必然处在依法治教的宏观背景下，所以园长在幼儿园管理实践中要努力做到依法治园。

二、园长提升政策、法律把握与执行能力是幼儿教育发展的客观要求

伴随《国务院关于当前发展学前教育的若干意见》的颁布以及教育部第一期、第二期学前教育三年行动计划的先后实施，我国幼儿教育事业快速发展。幼儿教育的快速发展急需政策、法律的保驾护航。一方面，我国需要尽快完善现有的幼儿教育政策，出台幼儿教育相关法律，让幼儿教育立法跟上事业发展的步伐；另一方面，园长更需要深入研究现有的幼儿教育政策、法律，积极做到有法必依、守法必严、违法必究，在幼儿园管理中充分维护幼儿、幼儿园教师和幼儿园的合法权益。

三、园长提升政策、法律把握与执行能力是《幼儿园园长专业标准》的基本要求

为贯彻中国共产党的第十八届三中、四中全会精神，落实《国家中长期教育改革和发展规划纲要（2010—2020 年）》和《国务院关于加强教师队伍建设的意见》，构建教师队伍建设标准体系，建设高素质普通高中校长、中等职业学校校长、幼儿园园长队伍。教育部于 2015 年 1 月研究制定了《普通高中校长专业标准》《中等职业学校校长专业标准》《幼儿园园长专业标准》，其中，《幼儿园园长专业标准》明确规定，园长需要掌握国家的教育方针和相关的法律法规，熟悉《幼儿园工作规程》《幼儿园教育指导纲要（试行）》《3－6 岁儿童学习与发展指南》等幼儿教育的相关政策。

第二节　幼儿教育政策、法律辨析

一、政策、法律

政策、法律既有联系又有区别，共同调整人们的生活。这两个概念的学科范围和使用场景不同，其内涵亦有不同。

（一）政策

政策一词的英文为"policy"，其核心意思是为实现一定目标而制定的行为准

则。陆士桢等人认为政策是"国家机关、政党及其他政治团体在特定时期为实现或服务于一定社会政治、经济、文化目标所采取的政治行为或规定的行为准则，是一系列谋略、法令、措施、办法、方法、条例等的总称"①。阶级性、时效性、层次性是政策的基本特征。②

教育政策是国家政策系统的一个子系统。所谓教育政策，简单地说，就是教育领域中的政策，即党和各级政府及其职能部门为实现一定历史时期的教育发展目标和任务，依据党和国家在一定历史时期的基本任务、基本方针而制定的教育行动准则。

（二）法律

从法学角度讲，法律有广义与狭义之分。广义的法律是指国家制定或认可，并以国家强制力保证实施的行为规范的总和。③ 广义的法律等同于"法规"，是法的整体，包括法律、有法律效力的解释及行政机关为执行法律而制定的规范性的文件（如规章）。狭义的法律仅是指拥有立法权的国家机关依照立法程序制定的规范性文件。④

教育法律也有广义和狭义之分。从广义上讲，教育法律是调整国家在行使教育行政权力和公民在享有教育权利过程中所发生的各种教育关系的法律规范的总称。⑤ 狭义的教育法律则是拥有立法权的国家机关依照立法程序制定的有关教育的规范性文件。本书采用广义的教育法律含义。

（三）政策与法律的关系

政策与法律之间既有联系又有区别。

首先，政策与法律之间相互支持、功能互补。一项法律通常伴有多项支撑性的配套政策，以保证法律的贯彻落实；政策也需要与法律的基本精神保持一致，符合法律规范，以纳入法律的调整范围，得到法律的强制性保护。然后，政策与法律可以相互转化。一定时期和领域内的政策经过实践的检验，得以完善并稳定

---

① 陆士桢，魏兆鹏，胡伟．中国儿童政策概论［M］．北京：社会科学文献出版社，2005：24.

② 朱家雄．当今我国学前教育事业发展面临的主要问题及政策导向［M］．上海：华东师范大学出版社，2016：1.

③ 辞海［M］．上海：上海辞书出版社，2002：411.

④ 张文显．法理学［M］．北京：高等教育出版社，2006：29.

⑤ 劳凯声，蒋建华．教育政策与法律概论［M］．北京：北京师范大学出版社，2015：6.

下来，可以被提升为法律。反过来，法律在执行过程中，为应对某一时期的特定目标和任务，为人们提供具体的行动建议，也可以衍生出一系列支持该项法律的政策。例如《中华人民共和国义务教育法》出台前，全国各地已经出台了一些相关政策，进行了许多有益的尝试，为该法的立法积累了宝贵的经验。该法颁布后，国家和地方相继出台了多项教育政策，以保证分阶段、分区域地贯彻落实该法。由此可见，政策与法律相互支持且可以相互转化。[①]

当然，尽管如此，政策与法律还是有明显的区别的，主要表现在以下几个方面。

第一，制定主体和约束力不同。狭义的法律是由特定的国家立法机关依据立法程序制定或认可的规范性文件。而政策的制定主体，既可以是党组织，也可以是国家各级权力机关。政策作为国家、政党或社会团体为了实现一定历史时期的任务而制定的行动准则，不一定代表民众的普遍利益与需求，而法律代表了全国民众的共同意志和根本利益，在其适用范围内具有普遍约束力。[②]

第二，制定程序不同。法律的制定必须严格依照立法程序进行，大体为具有法案提案权的机关或人员提出议案，法定机构进行审议、表决，最终通过并颁布实施。而政策是党政领导机关、个人或社会政治团体提出的行动准则，政策出台的基础、条件和程序等方面都没有固定程序，比较灵活。

第三，表现形式不同。法律通常以法律、条例、规定、办法、规章、实施细则等规范性条文形式出现。法律由规则构成，对人的权利、义务的界定非常清楚。法律通常对该法的条件及使用情况、具体的行为规则和违反者所承担的后果都有明确表述。在语言表达上，法律条文一般采用直接陈述式，比较规范化和定型化。人们一看就明白必须做什么，可以做什么，不能做什么。政策通常以决议、决定、纲要、通知、意见等文件形式出现，其表述形式多样，通常很多政策只规定行动方向而不规定行为的具体规则，具有一定的伸缩性和灵活性。

二、幼儿教育政策、法律

（一）幼儿教育政策、法律的内涵

幼儿教育政策，是指党和国家为实现一定历史时期的幼儿教育发展目标和任务，依据党和国家在一定历史时期的基本任务、基本方针而制定的关于幼儿教育

---

① 蔡迎旗. 幼儿教育政策法规[M]. 北京：高等教育出版社，2014：7.
② 蔡迎旗. 幼儿教育政策法规[M]. 北京：高等教育出版社，2014：7.

的行动准则。

幼儿教育法律，是指国家制定或认可，并以国家强制力保证实施的有关幼儿教育行为规范的法律法规、条例、规章等文件的总和。

（二）幼儿教育政策、法律的调整对象

幼儿教育政策、法律以幼儿教育的内部和外部关系为调整对象。幼儿教育关系是幼儿教育活动过程中活动主体之间的关系。幼儿教育政策、法律通过确定各种幼儿教育活动主体之间的相互权利和义务，对各种幼儿教育关系进行规范和约束，实现对幼儿教育关系的调整。[1]

幼儿教育的内部关系包括幼儿园与教职工之间的工作关系、教职工与幼儿之间的师幼关系和幼儿与幼儿之间的同伴关系。

公办幼儿园机构内部还存在行政关系。幼儿教育机构的教职工包括园长、教师、保育员、保健医、财务人员、炊事人员、安保人员等，他们之间构成了同事关系或上下级关系；所有教职工与幼儿之间构成了师幼关系；幼儿与幼儿之间构成了同伴关系。

幼儿教育的外部关系包括幼儿教育机构与各级政府及其职能部门、家庭、社区及其他团体组织和个人、小学、其他各类幼儿教育机构之间的社会关系。在我国，与幼儿教育相关的各级政府职能部门包括教育、财政、国土、卫生、劳动保障等部门。

第三节　幼儿教育政策、法律的价值取向

改革开放以来，我国的社会经济不断发展，幼儿教育政策与法律的价值取向也在不断发生变化。通过对幼儿教育相关政策法律、进行分析，我们可了解我国幼儿教育领域政策、法律价值取向的演变。

一、从效率优先走向兼顾公平

改革开放以后，效率优先的价值理念也影响到教育领域。从财政投入看，我国只明确了公办幼儿园政府拨款，例如，教育部等部门《关于幼儿教育改革与发展的指导意见》第二十二条明确指出："地方各级人民政府要积极采取措施，加大

---

[1]　蔡迎旗. 幼儿教育政策法规［M］. 北京：高等教育出版社，2014：10.

对幼儿教育的投入，做到逐年增长。县级以上人民政府安排的财政性幼儿教育经费要保障公办幼儿园正常运转，保证教职工工资按时足额发放，保证示范性幼儿园建设和师资培训等业务活动正常进行。"但是，民办幼儿园多由举办者自筹资金。公办园与民办园的区别对待，导致更多资源向公办园倾斜，造成园际不平等。1983年《关于发展农村幼儿教育的几点意见》没有关于农村幼儿教育政策的政府财政支持的相关规定。这种政策忽视导致农村地区幼儿园办园条件明显落后于城市，客观上加大了城乡之间幼儿教育发展的不均衡。由于政策导向因素，从全国来看，幼儿教育资源更向城市以及重点幼儿园集中，这导致了幼儿教育的地区、城乡以及园所之间的差异。

2010年前后，"入园难、入园贵"成为社会关注的焦点，并引起党和政府的关注。《国务院关于当前发展学前教育的若干意见》明确指出："发展学前教育，必须坚持公益性和普惠性，努力构建覆盖城乡、布局合理的学前教育公共服务体系。"同时指出，中央和省级政府统筹协调，市和县政府作为本地区发展学前教育的责任主体，承担学前教育规划、投入、监管和保障公平的职责，乡镇政府尽力支持办好农村幼儿园。

◇ 二、从注重社会价值转向关注人的价值

通过对幼儿教育政策、法律的演变进行分析，我们发现幼儿教育政策正逐步从关注社会价值转向关注人的价值。

从幼儿教育的培养目标来看，1979年《全国托幼工作会议纪要》提出："加强对婴幼儿的保健和教育工作，培养体魄健壮、品德良好和智力发达的后一代，是关系到国家和民族前途的根本大计。"但是2003年教育部等部门《关于幼儿教育改革与发展的指导意见》则指出："幼儿教育是基础教育的重要组成部分，发展幼儿教育对于促进儿童身心全面健康发展，普及义务教育，提高国民整体素质，实现全面建设小康社会的奋斗目标具有重要意义。"

对比两份文件后可以发现，幼儿接受学前教育的意义从为社会服务、为国家建设服务向为幼儿身心健康发展服务转变。

在幼儿教育教师队伍建设方面，《全国托幼工作会议纪要》指出："为了大力发展托幼事业，提高保教质量，必须高度重视建设一支又红又专的保教队伍……同时，要采用多种形式加强对各类园所在职保教人员的培训。"而2003年教育部等部门《关于幼儿教育改革与发展的指导意见》指出加强师资队伍建设，努力提高幼儿教师素质，提高幼儿园教师的地位和待遇，规范教师职称评聘工作，稳定幼

儿教师队伍。

通过分析，我们发现我国幼儿教育政策、法律对教师的要求从单一的技能培训变为培训与发展相结合，从强调社会服务转变为提升教师自身素质，这是以人为本、以师为本的表现。

三、从准备教育转向终身教育

1987年的《国务院办公厅转发国家教委等部门关于明确幼儿教育事业领导管理职责分工的请示的通知》指出："幼儿教育是社会主义教育事业的重要组成部分，是我国学校教育的预备阶段。"

2001年，教育部颁发的《幼儿园教育指导纲要（试行）》明确指出："幼儿园教育是基础教育的重要组成部分，是我国学校教育和终身教育的奠基阶段。"这强调了幼儿园教育既要符合幼儿的现实需要，又要符合幼儿的长远发展目标，这是终身教育理念在幼儿教育发展中的切实体现。

第四节　幼儿教育政策、法律的主要功能

幼儿教育政策、法律是我国社会主义法律体系的重要组成部分，对幼儿教育政策、法律的贯彻实施，对于促进我国教育事业发展尤其是基础教育的发展有着积极的意义。

伴随着我国一系列关于幼儿教育的政策、法律的出台，我国幼儿教育的发展正在走上法制化、规范化的道路。幼儿教育的政策、法律在我国幼儿教育事业发展中具备重要的功能，具体如下。

一、引导功能

幼儿教育政策、法律是国家或地方以法律法规等形式颁布的关于幼儿教育的规定，明确要求与幼儿园相关的机关、团体和个人必须执行这些条文，明文规定了哪些是国家赞成和鼓励的行为，哪些是禁止的行为，这反映了幼儿教育的价值取向和政策引导。

例如，《幼儿园教育指导纲要（试行）》指出："幼儿园应为幼儿提供健康、丰富的生活和活动环境，满足他们多方面发展的需要，使他们在快乐的童年生活中获得有益于身心发展的经验。"

《幼儿园管理条例》规定："具有下列情形之一的单位或者个人，由教育行政

部门对直接责任人员给予行政处分：(1)体罚或变相体罚幼儿的；(2)使用有毒、有害物资制作教具、玩具的；(3)克扣、挪用幼儿园经费的……前款所列情形，情节严重，构成犯罪的，由司法机关依法追究刑事责任。"

二、教育功能

幼儿教育政策、法律的颁布实质上是要求人们学习并遵守幼儿教育的政策、法律，它们具体规定了幼儿教育的基本内容、目标、基本实践规范和要求，幼儿园工作人员的规范和要求，幼儿园保教工作的要求，奖励与处罚的工作原则等。

例如，《幼儿园工作规程》明确规定，幼儿园教育要遵循幼儿身心发展的规律，符合幼儿的年龄特点，注重个体差异，因人施教，引导幼儿个性健康发展。幼儿园以游戏为基本活动，寓教育于各项活动之中。这些行为规范要逐渐内化为从业者的思想意识，深入每个幼儿教育工作者的心中，并转化为教育行为。这一过程就是幼儿教育政策、法律教育作用的具体体现。

三、保障功能

幼儿教育政策、法律有利于保障和促进依法治教，提高幼儿教育的工作效率。幼儿教育政策、法律对法律关系中主体的法律地位、权利和义务关系等做出了明确规定，并对违反幼儿教育政策、法律的法律责任做了具体的规定。这些政策、法律为依法治教提供了基本的法律依据。

第二章 幼儿教育政策、法律体系简介

第一节 幼儿教育相关政策体系简介

一、教育政策的表现形式[①]

教育政策的表现形式主要是指教育政策以什么样的文本样式出现。目前，我国教育政策通常通过下面的几种文本样式表现。

(一)党的政策性文件

党的教育政策性文件主要是指中国共产党中央委员会和省(自治区、直辖市)、市、县(区)地方委员会发布的各种纲领、决议中有关教育的内容，以及就教育工作做出的决定、通知等。

1.《中国共产党章程》

《中国共产党章程》确立的教育政策是我们党最根本的教育政策，它对社会主义教育事业的性质、地位、原则等做出了规定。

2. 中国共产党全国代表大会的决议

党的全国代表大会做出的教育工作决议，也是党的教育政策。例如1982年9月，中国共产党第十二次全国代表大会提出："一定要牢牢抓住农业、能源、交通、教育和科学这几个根本环节，把它们作为经济发展的战略重点。"这就是一项具有深远意义的教育决策。

3. 党中央制定和批准的文件

党中央制定和批准的关于教育工作的文件，也是党的重要教育政策。

---

① 张乐天. 教育政策法规的理论与实践[M]. 上海：华东师范大学出版社，2002：33～34.

4. 中国共产党的地方各级领导机关的决议

党的地方各级领导机关及其代表大会讨论本区域范围内教育相关问题并形成的决议、决定及其批准的有关教育工作的文件，是适用于本区域的教育政策。

5. 党中央、党的地方各级领导机关所属各部门制定或批准的文件

党中央、党的地方各级领导机关所属各部门在自身职权范围内，可以制定或批准有关教育政策性文件。

(二)教育法律法规

全国人民代表大会、省级人民代表大会和省、自治区、直辖市的人民政府和经国务院批准的较大市的人民代表大会及其常务委员会制定或批准的有关教育的政策性文件，即通常所说的教育法律法规。

(三)国家行政机关制定、发布的有关教育工作的政策性文件

这部分文件包括国务院及其所属部委制定或批准的关于教育工作的政策性文件，县级以上(含县级)地方人民政府及其有关部门依照法律法规制定的教育政策性文件。这些由国家行政机关制定的教育政策，组成了我国现行教育政策的主体，对于指导、协调、规范教育工作发挥着重要而积极的作用。

(四)党和国家领导人有关教育问题的讲话、指示

党和国家领导人对教育工作发表的讲话或所做的指示能否被视为教育政策要根据具体情况具体分析。《中国共产党章程》第二章第十六条规定："党员个人代表党组织发表重要主张，如果超出党组织已有决定的范围，必须提交所在的党组织讨论决定，或向上级党组织请示。"根据以上规定，如果党和国家领导人有关教育工作的重要主张，是在党的全国代表大会上所做的重要讲话、报告，经过党和国家有关组织批准或在党和国家机关报刊等正式公开出版物上公开发表的，都应该纳入教育政策的范围。

二、教育政策的结构体系

教育政策的结构是指教育政策体系是由哪些具体的政策构成的，以及教育政策之间的纵向、横向关系是如何确立的。

(一)教育政策的纵向关系

教育政策的纵向关系是指教育政策依照某种内在的逻辑关系做出的纵向排列。从不同的角度出发，教育政策就有不同的纵向排列形式。

依照政策的阶段性过程划分，教育政策可以分为长期性教育政策、中期性教

育政策、短期性教育政策和即时性教育政策。

依据政策的空间系列划分，教育政策可以分为教育总政策、基本教育政策、一般教育政策和个别教育政策。

(二)教育政策的横向关系

教育政策的横向关系是指不同教育政策之间不存在前者派生后者、后者包含前者的情况。从教育政策的横向结构看，教育政策可以分为高等教育政策、普通教育政策、职业与成人教育政策、少数民族教育政策和特殊教育政策等。

第二节　幼儿教育相关法律体系简介

一、当代中国的教育法律形式

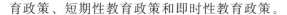

法的形式，即法的外部表现形态，主要是指法由何种国家机关制定或认可，通过何种方式创立，表现为何种形式的法律文件。目前中国教育法律的主要表现形式大致可以分为以下几种。

(一)《宪法》中关于教育的条款

《中华人民共和国宪法》(简称《宪法》)是最高权力机关制定的国家总章程和根本大法，是一切教育立法的重要依据。任何形式的教育法都不得与《宪法》相抵触。

《宪法》作为教育法的渊源，一为教育法提供了基本的指导思想和立法依据，二为教育活动确定了基本的法律规范。《宪法》总纲中第一条、第二条、第三条、第四条、第五条、第二十三条、第二十四条，规定了教育法的基本指导思想和立法依据。《宪法》第十九条规定了国家发展教育事业的目的、基本原则和任务。《宪法》第四十六条规定了公民接受教育的权利与义务："中华人民共和国公民有受教育的权利和义务。国家培养青年、少年、儿童在品德、智力、体质等方面全面发展。"《宪法》第四十九条规定了父母的权利与义务："父母有抚养教育未成年子女的义务。"

(二)教育法律

教育法律是由全国人民代表大会或专门的立法机关制定的教育规范性文件。教育法律又分为教育基本法和教育单行(部门)法。

1. 教育基本法

《中华人民共和国教育法》，是由全国人民代表大会以《宪法》为依据制定的，规定了我国教育的基本性质、地位、任务、基本法律原则和基本教育制度等。该法是全部教育法律的"母法"，是协调教育部门内部以及教育部门与其他社会部门相互关系的基本准则，也是制定教育部门内其他法律法规的依据。[1]

2. 教育单行(部门)法

教育单行(部门)法是指根据《宪法》和教育基本法制定的调整某类教育或教育某一具体部分关系的教育法律。我国的教育单行(部门)法属于一般法律，根据《宪法》第六十七条，一般由全国人大常委会制定。[2] 目前我国已经公布的教育单行(部门)法有 6 部：

①《中华人民共和国学位条例》；

②《中华人民共和国义务教育法》；

③《中华人民共和国教师法》；

④《中华人民共和国职业教育法》；

⑤《中华人民共和国高等教育法》；

⑥《中华人民共和国民办教育促进法》。

(三)教育行政法规

教育行政法规是由国务院制定和发布，为实施教育基本法和各单行法而制定的规范性文件。行政法规草案有两种发布形式：一是由国务院发布；二是由国务院批准国务院主管部门发布。但不论采取何种发布形式，教育行政法规都具有同等的效力。

我国行政法规的名称一般有 3 种：

①对某一方面的行政工作做比较全面、系统规定的，称"条例"；

②对某一方面的行政工作做部分规定的，称"规定"。

③对某一方面的行政工作做具体规定的，称"办法"。

现行的有效的教育行政法规共有 12 部，例如《幼儿园管理条例》(1989 年，国家教育委员会令第 4 号)、《禁止使用童工规定》(2002 年，国务院令第 364 号)、《中华人民共和国学位条例暂行实施办法》(1981 年)等。

(四)地方性教育法规

地方性教育法规是省、自治区、直辖市和地方有地方立法权的人民代表大会

---

① 劳凯声，蒋建华. 教育政策与法律概论[M]. 北京：北京师范大学出版社，2015：7.

② 孙葆森，等. 幼儿教育法规与政策概论[M]. 北京：北京师范大学出版社，2004：19.

及其常委会为执行国家有关教育的法律、行政法规，根据本行政区域的实际需要制定的规范性文件。地方性教育法规一般称"条例"，如《北京市学前教育条例》，有时候根据不同情况也采用"规定""实施办法""补充规定"等名称。

(五)教育规章、自治条例、单行条例

《宪法》和《中华人民共和国地方各级人民代表大会和地方各级人民政府组织法》规定，国务院各部、委员会和省、自治区、直辖市以及省、自治区的人民政府所在地和经国务院批准的较大市的人民政府可以根据法律、行政法规，在自身权限内发布规章。[①]教育规章的调整范围很广，其数量也很大，仅国务院行政部门制定的部门教育规章就有 200 多项。从教育法的广义定义看，特别是在行政法的范畴里，它们具有法的效力，是教育法的一个重要表现形式，在依法治教的过程中发挥着重要作用。

最后需要特别说明的是，如果以狭义的"法律"定义理解，则"教育法律"仅指全国人大及其常委会通过的专门用以规范教育事务的法律，即包括《中华人民共和国教育法》这一基本法律及 6 部教育单行(部门)法。

二、当代中国的教育法律层级

各种形式的教育法，是由不同性质、不同地位的国家机关制定的。由于制定机关的性质和地位不同，教育法就有效力大小的区别。按照效力大小，我们可以把教育法从高到低排成以下 5 个层级：

表 2-1 我国教育法的层级表 [②]

层级	形式		制定机关
	《宪法》中的教育条款		全国人民代表大会
第一层级	教育基本法律		全国人民代表大会
第二层级	教育单行法律		全国人民代表大会常务委员会
第三层级	教育行政法规		国务院
第四层级	地方性教育法规		省、自治区、直辖市或有立法权的地方人大及常委会
第五层级	教育规章	部门教育规章	教育部及国务院部委
		政府教育规章	省、自治区、直辖市政府

① 孙葆森，等．幼儿教育法规与政策概论[M]．北京：北京师范大学出版社，2004：23.
② 张乐天．教育政策法规的理论与实践[M]．上海：华东师范大学出版社，2002：39.

三、幼儿教育相关法律体系

从现行的法律情况来看，有关幼儿教育的法律主要有以下几种。

（一）《宪法》中关于幼儿教育的条款

《宪法》第十九条规定了国家"发展学前教育""鼓励集体经济组织、国家企业事业组织和其他社会力量依照法律规定举办各种教育事业"。

《宪法》第四十九条规定了"儿童受国家的保护""父母有抚养教育未成年子女的义务"。

（二）教育法律中关于幼儿教育的条款

《中华人民共和国教育法》第十七条将学前教育纳入学校教育制度，并将其规定为基本的教育制度的组成部分。

《中华人民共和国教师法》第二条规定："本法适用于在各级各类学校和其他教育机构中专门从事教育教学工作的教师。"因此，其关于教师权利与义务、资格与任用、培养与培训、考核、待遇、奖励、法律责任等规定，幼儿教师均适用。

《中华人民共和国民办教育促进法》第五条规定："民办学校与公办学校具有同等的法律地位，国家保障民办学校的办学自主权。国家保障民办学校举办者、校长、教职工和受教育者的合法权益。"因此，民办幼儿园与公办幼儿园具有同等的法律地位，民办幼儿园举办者、园长、教职工和幼儿的合法权益受到国家的保护。

（三）幼儿教育行政法规

幼儿教育相关的教育行政法规目前只有《幼儿园管理条例》一部。《幼儿园管理条例》于1989年9月经国务院批准、国家教委第4号令颁布，于1990年2月1日起施行。该条例是在以往有关法规的基础上形成的，是新中国成立以来第一个经国务院批准颁布的有关幼儿教育的行政法规，对宏观调控幼儿园的管理和发展、加强对幼儿教育事业的领导起着重要作用，是我国幼儿教育向法制化迈进的里程碑。

另外，《中华人民共和国残疾人教育条例》第二章"学前教育"，专门对残疾幼儿的学前教育进行了规范。

第三章　园长政策、法律把握与执行能力的提升

第一节　园长政策把握与执行能力的提升

幼儿教育政策的把握、执行是指园长将政策付诸实施，把政策内容变为现实，以达到政策目标的动态过程。园长履行领导和管理职责的过程，实际上就是贯彻和执行教育政策、方针的过程。

一、实施原则

教育政策是办好幼儿园的行动准则。园长要办好幼儿园，必须采取有效措施，严格执行相关教育政策，同时必须遵守一定的原则。

（一）唯实性原则

教育政策是具有权威性的行为规范。因此，园长在学习政策时，必须认真、全面地理解政策的内容，即要遵循唯实性原则。

（二）创造性原则①

园长了解上级部门政策，不等于园长应生搬硬套。这就要求园长在执行上级部门政策的过程中，在坚持全面理解政策的前提下，还要了解政策存在的弹性和空间，根据本地、本园实际情况落实政策，在政策范围内做出适合幼儿园特点的决策。园长必须加强政策解读，以读懂、读透所有与幼儿园相关的政策、法规和条例，只有这样，才能创造性地为幼儿园做出各种决策。

（三）协调性原则

所谓协调，就是政策执行者行为的协同一致。政策实施过程中行为不协调是

---

① 吴恒山．用教育政策统领学校工作[J]．中小学校长，2015(05)：10～12．

政策执行过程中常见的问题。政策执行过程中会出现许多新情况、新问题。从执行者角度来看，由于每个人的水平、经验和能力不同，即使面对同样的政策，人们的政策理解和执行能力也会有所不同，甚至会出现偏差。因此，必须及时协调政策执行过程中出现的矛盾与问题，使政策之间、部门之间、具体工作人员之间达到协调和谐。

(四)反馈性原则

反馈性原则也是政策执行中需要坚持的一条重要原则。园长应该高度重视政策实施过程中的信息反馈工作，应对有关政策实施过程中各个方面的情况了如指掌，如果发现问题，及时采取相应措施，以保证整个教育政策实施的顺利进行。

二、实施策略

园长教育政策执行能力的提高是伴随着工作进行的，是一个需要长期锻炼的过程。它重在实践，并且需要园长具备一定的政策实施策略。

(一)加强政策解读，领会实质

园长是幼儿园的领导者、管理者，这就要求园长必须有较高的政策水平，能够准确把握各项政策的基本精神，善于依据教育政策来办学，保证幼儿园的发展。如果园长不能理解或领会国家的教育方针政策，那么，幼儿园教育的发展方向就会与国家教育方针政策的要求不同步。

园长作为党和国家教育政策的执行者，首先要认真学好教育政策，领会其精神实质，从总体上、发展趋势上把握政策。在学习过程中，园长要做到熟读精思，抓住本质，要系统地学，不断章取义；执行教育政策时，要从实际出发，深入调查，找准落实的切入点；同时，要注意分析有利因素和不利因素，根据实际情况采取对策，确保政策执行到位、有效。

🔗 资料链接

修订《幼儿园工作规程》答记者问[①]

2016年年初，教育部颁布了新修订的《幼儿园工作规程》(以下简称《规程》)，基础教育二司负责人就本次修订的有关情况接受了记者专访。

[①] 修订《幼儿园工作规程》答记者问[EB/OL]. [2016-6-7]. http://www.moe.cn/jyb_xwfb/s271/201603/t20160301_231286.html.

一、为什么要修订《规程》?

答:《规程》是我国第一部规范幼儿园内部管理的规章,也是基础教育领域比较早的一部管理规章,下发 20 年来对加强各级各类幼儿园的规范管理发挥了重要作用。随着经济社会的发展,学前教育改革发展的大环境发生了巨大变化,特别是《国家中长期教育改革和发展规划纲要(2010—2020 年)》颁布后,学前教育事业规模不断扩大,普及程度大幅提高,全国幼儿园数量已从 2009 年的 13.8 万所,增加到 2014 年的 21 万所,全国学前三年毛入园率达到了 70.5%。在推进学前教育基本普及的新形势下,修订《规程》具有重要的现实意义。

第一,修订《规程》是新形势下加强学前教育规范管理的需要。《规程》是基于当时幼儿园主要由企事业单位、部队、街道和农村集体举办,幼儿园的人、财、物管理由举办单位负责,教育部门主要是提供业务指导的实际而制定的。随着经济体制的改革和市场经济的推进,幼儿园的办园体制已从过去单一的以公办为主转为多元化办园的格局,民办幼儿园数量激增,占比已超过幼儿园总数的 2/3。教育部门对幼儿园的规范管理已从计划经济条件下的业务指导转向办园资质审批和全面监管,需要不断完善管理制度,强化制度管理。

第二,修订《规程》是推进幼儿园管理规范化和科学化的需要。由于长期资源不足,目前一些幼儿园在办园条件、安全卫生、教育教学、教职工管理等方面还存在很多不规范的行为,亟待通过健全规章制度,加强规范管理,引导幼儿园依法依规办园。

第三,修订《规程》是落实依法治教的需要。近年来,有关部门出台了很多涉及幼儿园规范管理的新规定,《规程》作为一部重要的学前教育规章,需要根据新形势新要求进行修订和调整,进一步完善幼儿园管理制度,不断推进学前教育治理体系和治理能力现代化,促进学前教育健康可持续发展。

二、请您介绍一下这次修订《规程》主要做了哪些方面的工作。

答:为了有针对性地解决当前存在的突出问题,有效规范幼儿园管理,我们在修订《规程》时主要做了以下 3 个方面工作。

一是深入基层调研。组织专家深入东、中、西部不同经济水平地区的幼儿园,全面总结了《规程》实施 20 年来的经验,梳理了当前幼儿园管理面临的新情况、新问题,在北京等 8 个省(自治区、直辖市)召开 16 场专题座谈会,并通过问卷、访谈等多种方式,广泛听取了学前教育战线、基层幼儿园园长和一线教师的意见。

二是国际比较研究。组织对美国、加拿大、澳大利亚、新西兰、英国、日本等10多个国家有关幼儿园管理的法律法规进行了比较研究，梳理了有关政策条款，学习借鉴相关经验。

三是多种形式征求意见。初稿完成后，通过座谈会的形式，听取了有关专家、幼教干部、教研人员和园长、教师的意见。以函件形式书面征求了各省级教育行政部门和部属师范院校的意见。通过中国政府法制网和教育部门户网站面向社会公开征求了意见。在充分吸收各方意见建议的基础上，对《规程》做了全面修改完善。

三、这次主要对《规程》做了哪些方面的修订？

答：一是坚持立德树人。进一步强调幼儿园要坚持国家的教育方针，遵循幼儿身心发展特点和规律，实施德、智、体、美诸方面全面发展的教育，促进幼儿身心和谐发展。二是强化安全管理。专设"幼儿园的安全"一章，明确要求幼儿园要建立健全设备设施、食品药品以及与幼儿活动相关的各项安全防护和检查制度，建立安全责任制和应急预案。在"幼儿园的卫生保健"一章中，对建立与幼儿身心健康相关的一系列卫生保健制度做了明确规定。三是规范办园行为。新修订的《规程》对幼儿园的学制、办园规模、经费、资产、信息等方面的管理提出了明确要求。四是注重与法律法规和有关政策的衔接。一方面是做好与现行法律政策规定的衔接，如：近年下发的《幼儿园教育指导纲要(试行)》《3—6岁儿童学习与发展指南》对幼儿园的教育目标、内容、教育活动组织等提出了清晰而具体的要求，修订《规程》时将这些方面的要求改为一些原则性规定；《托儿所幼儿园卫生保健管理办法》对幼儿园卫生保健工作提出了很多新要求，《规程》与之做了相应衔接；根据新颁布的《反家庭暴力法》，增加了幼儿园应当进行反家庭暴力教育和发现家庭暴力情况及时报案的规定。另一方面，《中华人民共和国教育法》《中华人民共和国民办教育促进法》《中华人民共和国国家通用语言文字法》等法律法规对学校一些具体办学行为做了明确规定的，《规程》不再重复提出要求。五是完善幼儿园内部管理机制。要求幼儿园进一步加强科学民主管理，强化了家长委员会的职能作用，家长委员会应参与幼儿园重要决策和事关幼儿切身利益事项的管理，强调幼儿园应当建立教研制度，加强教育教学研究，研究解决教师在保教工作中遇到的实际问题。

四、请您谈谈如何做好《规程》的贯彻落实。

答：修订《规程》对于提高各类幼儿园的办园水平和保教质量，推进幼儿园管理的规范化和科学化具有重要的现实意义。各级教育部门要高度重视，切实把学习宣传和贯彻落实《规程》作为推进学前教育改革发展的一项重要任务，作为加强和规范本地学前教育管理的有效手段，作为推进幼儿园管理规范化和科学化的长

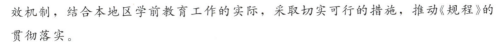

效机制，结合本地区学前教育工作的实际，采取切实可行的措施，推动《规程》的贯彻落实。

首先，落实《规程》的重心在幼儿园。《规程》是规范幼儿园管理工作的基本准则，每所幼儿园的举办者和管理者都应严格按照《规程》的要求组织和安排幼儿园的各项工作。《规程》下发后，幼儿园要对照《规程》的要求，对幼儿园管理的各个方面、各项环节进行逐项检查，对自身管理的薄弱环节，进行全方位整改，完善幼儿园的常规管理工作，提高办园水平。

其次，落实《规程》的着力点是完善幼儿园制度建设。幼儿园要按照《规程》的要求，对幼儿园的各项管理制度及落实情况进行认真梳理和总结。一要完善管理制度。根据幼儿园环境、园舍设施、卫生保健及幼儿园教职工素质等实际状况，建立健全各项管理制度和应急预案。二要抓好各项制度的落实。制度不仅是写在纸上、挂在墙上的，更要建立和落实岗位责任制，同时注重人性化管理，激发教职工的积极性和责任感。三要结合管理实际和保教实践的需要，不断修改和完善这些制度，使这些制度规定能变成每个教职工的责任意识和行动，切实落实到日常保教工作中去。

最后，落实《规程》的关键是要建立常态化机制。各级教育行政部门，特别是县级教育行政部门，要采取有效措施，依照《规程》的要求，加强对各类幼儿园的规范管理和督导检查，引导和规范各类幼儿园依法举办幼儿园，依规管理幼儿园，推动《规程》在幼儿园层面的落实常态化、长期化。

（二）坚持原则，灵活变通

园长在执行教育政策中，既要坚持原则，又要有灵活性，切不可生搬硬套。首先，对上级已经明确做出的政策性决定，园长应该把着眼点放在如何结合幼儿园实际制定具体的实施细则上，然后组织落实，不可随意更改，更不能拒不执行。其次，对于上级只提供政策思路或一般原则的政策，园长既要注意研究大环境、大气候，把握政策的基本意图，又要研究新情况、新问题，提出切合实际的执行意见。最后，对于上级规定的不符合本地幼儿园情况的政策，园长应及时向上级反映，经上级同意后，灵活变通执行。

（三）坚守目标，讲究方法

园长要做到有效执行教育政策，必须坚持目标，讲究策略和方法。一是要坚持抓典型，以点带面，即在落实政策中，注意发现执行效果好的部门或个人，树立典型，推动全局，如某幼儿园实行幼儿质量监测与报告制度，提高了教学质量，园长就可总结经验，加以推广。二是把解决重点问题和破解难点问题结合起来。园长执行教育政策时，在不同时期，要有重点，不能心中无数随意解决问题，只有突出重点，兼顾一般，才能把工作做得有声有色。

三、实施途径与方法

园长的政策素养不是与生俱来的，而是在具体实际工作过程中，通过不断学习和总结逐步形成的。园长只有从思想深处不断对政策加以理解和运用，才能逐渐真正形成一定的政策素养。这一过程决定了应采用教育的方式，利用教育的循序渐进功能，这是形成园长素养的最好方式。同时针对不同专业发展阶段，对园长进行有计划、有重点、有针对性的教育培训，是提高园长政策素养的主要途径。

(一)深入学习，武装头脑

当一项教育政策出台和下达后，领导执行就起到了关键作用。园长要执行好教育政策，首先要学好政策，准确解读政策的精神实质，做到内化于心、外化于行。一位园长是否有本领，主要看他把知识转化为能力的水平，即是否有政策水平。园长的政策水平是从哪里来的呢？主要来自学习和实践，由学习而提高，由实践而增强。

1. 强化教育政策一般原理的教育与培训[①]

教育政策一般原理是园长政策素养的基础，是园长需要掌握的基本知识。做好教育政策一般原理的讲解与教育，是形成园长政策素养的出发点。园长在学习时应该从以下三方面做起：

①了解教育政策的地位与作用；

②熟悉国家教育政策体系的主要内容和基本表现形式；

③学会分析教育政策的价值基础。

2. 适时进行教育热点教育

教育热点是一段时期人们普遍议论的教育话题，在社会中具有广泛的影响。针对教育热点，有针对性、及时地进行讲解和宣传，是培养园长政策素养的有力杠杆。所以，要抓住教育热点的普遍关注效应，运用特定教育案例，培养园长的政策素养。讲解、宣传教育热点，是提升园长政策素养的一条重要途径。

---

① 韩清林．教育政策的若干理论与实践问题[J]．当代教育科学，2003(17)：3～6.

资料链接

《幼儿园教师专业标准》的基本理念①（节选）

作为担负着培养幼儿这一特殊工作的幼儿园教师，作为身处价值观日益多元化的社会中的教育工作者，他们不能没有正确理念的指引。随着我国社会"以人为本"的科学发展观日益深入人心，基础教育的观念与实践发生着重大而深刻的变化，幼儿教育正在向着更加人本化、专业化、规范化的方向发展，幼儿园教师的基本理念也随之更新。《幼儿园教师专业标准》（以下简称《专业标准》）提出的"幼儿为本""师德为先""能力为重""终身学习"等基本理念，正反映了新形势下教师专业发展的丰富内涵。

一、幼儿为本

（一）关于"幼儿为本"的含义

"本"可解释为基础、主体、根本、本原、出发点、目的等。"幼儿为本"，即"幼儿本位"之意，是"以人为本"的科学发展观在幼儿教育上的具体体现，是幼儿教育本质的重要内涵，也是幼儿园教师应秉持的核心理念。珍惜幼儿的生命，尊重幼儿的价值，满足幼儿的需要，维护幼儿的权利，促进每一个幼儿的全面发展等，乃"幼儿为本"的核心内涵。

倡导"幼儿为本"，但不能将之孤立化。"幼儿为本"不是"幼儿唯一"，因为"幼儿为本"的实现需要多种条件来保证，否则"幼儿为本"就会成为一句空话。许多实例表明，离开了成人的正确理解、引导和支持，幼儿的良好发展是难以实现的。关于幼儿教育质量影响因素的研究也表明，在影响幼儿教育质量的诸因素中，作为第一要素的"过程质量"在很大程度上决定了幼儿在日常生活中所获得的体验和经验的质量。而"过程质量"中的"教师的亲和力""对儿童积极肯定的态度"等要素是通过保育者与幼儿的关系反映出来的。真正的"幼儿为本"是体现在以保育者与幼儿的"关系质量"为中心的日常人际关系之中的，是体现在保育者与幼儿无数次反反复复的互动之中的。同时从影响"工作环境质量"的因素中也可以看到，保育者的工作和生活状态、对工作的满意度、压力程度等都与幼儿教育质量息息相关。正因如此，重视幼儿教师工作条件的改善、待遇的提高、减轻他们的压力等是与落实"幼儿为本"的理念、促进幼儿的发展等不可分割的。孤立地强调

---

① 李季湄，夏如波.《幼儿园教师专业标准》的基本理念[J]. 学前教育研究，2012(08)：3～6.

"幼儿为本"而给教师过多过大的负担或压力，只让教师讲奉献、讲"一切为了幼儿"，而不顾及教师的工作环境质量，不改革幼儿园的管理为教师创造一个适宜的工作条件，"幼儿为本"是不可能实现的。

倡导"幼儿为本"，但不能将之绝对化。有人认为"幼儿为本"就是"幼儿万能"，甚至合理的保护、教育也被视为"成人为本"而遭到批评。幼儿是与成人平等的社会成员，是独立的人，这是"幼儿为本"的基本观点。但必须看到，"平等"是就幼儿与成人的社会地位的关系而言的，"独立"更多的是就幼儿的人格而言的。"幼儿为本"与成人对其施以保护、教育甚至给予必要的约束、规范是完全不矛盾的。总之，"幼儿为本"理念的提出在我国幼儿教育的发展史上是有深远意义的，是我国社会进步的硕果。每一位幼儿园教师都应敏锐地意识到社会进步及其相随而至的观念变革，并以一种理性的自觉去面对，不断提升自己对教育、对幼儿的理解与认识。

（二）关于"幼儿为本"的教育行为准则

《专业标准》对"幼儿为本"理念的表述是："尊重幼儿权益，以幼儿为主体，充分调动和发挥幼儿的主动性；遵循幼儿身心发展特点和保教活动规律，提供适合的教育，保障幼儿快乐健康成长。"可以说，这是理念在幼教实践中的具体化。践行"幼儿为本"理念应遵从以下行为准则。

1. 尊重幼儿作为"人"的尊严与权利

"幼儿为本"的第一要义是尊重幼儿的权利。幼儿作为独立的"人"拥有自己的基本权利。《儿童权利公约》强调儿童应该与成人平等共享相同的价值，平等共享相同的权利。《幼儿园教育指导纲要（试行）》强调"幼儿园教育应尊重幼儿的人格和权利"。幼儿园教师应当认识到，"幼儿为本"理念下的教育与"成人本位"教育最根本的区别在于，教育是帮助幼儿最终成长为成熟的、有责任感的、能正确行使自己权利的合格社会公民，还是把他们变成成人的奴隶或附属品。热爱幼儿，尊重幼儿的人格，理解、尊重并保障幼儿参与与自身有关的一切活动并发表自己意见的权利，让每一个幼儿愉快地、有尊严地度过童年生活，应当成为每一位幼儿园教师坚定的教育信念。

2. 尊重幼儿的独特性和价值

幼儿是不同于成人的存在。《教师教育课程标准（试行）》称幼儿期是充满想象和创造并具有巨大发展潜能的时期，是以游戏为主要方式来探究、理解、体验周围世界，建构自己的经验、知识和同伴文化的时期，是与其他生命阶段不同的一个不可替代的时期，是需要呵护和保卫的极有价值的时期。保育的目的不仅是考虑如何实施与幼儿能力相适应的教育，而是让幼儿过真正幼儿那样的生活。OECD（经济合作与发展组织）在21世纪初发刊的关于保教制度的调查报告书鲜明地倡导："幼儿时代，作为人生的一个阶段，是一个其本身就拥有极高价值的时代……让幼儿能够基于自己的思考、自己的兴趣而生活，让幼儿始终保持那种意味的生活，是保育者必须牢记在心的追求。"尊重幼儿期的独特性、尊重幼儿生活价值的幼儿教育才是"幼儿为本"的教育。

3. 尊重幼儿身心特点与保教规律

《幼儿园教育指导纲要（试行）》明确指出："尊重幼儿身心发展的规律和学习特点，以游戏为基本活动，保教并重，关注个别差异，促进每个幼儿富有个性的发展。"幼儿园教师必须理解幼儿的学习与发展规律是不以成人意志为转移的，应当怀着敬畏之心去不断地探索、发现、遵循这些规律，通过创设良好的教育环境，让幼儿在游戏中、生活中学习发展，健康成长。

4. 促进每一个幼儿生动、活泼、主动、全面地发展

使受教育者在德、智、体等诸方面都得到发展是我国教育的根本目的，也是教育的根本原则。不能促进每一个幼儿实实在在地得到全面发展的教育，绝不是"幼儿为本"的教育。《国家中长期教育改革和发展规划纲要（2010—2020年）》指出："树立科学的质量观，把促进人的全面发展、适应社会需要作为衡量教育质量的根本标准。"因此，幼儿教师应当树立这样的教育信念：每一个幼儿都有获得全面发展的潜力，帮助每一个幼儿实现全面发展是幼儿教师的神圣责任。只有基于这样的信念，才可能把"幼儿为本"落到实处。

3. 有针对性地进行专门教育培训

园长专业成长一般经历了职前预备、适应、称职、成熟四个相互联系、前后衔接的阶段。由于园长所处的专业发展阶段具有差异性，提升园长政策素养必须根据园长专业发展的阶段有针对性地展开。

（二）制订方案，组织落实

执行幼儿教育政策，要有一个过程。无论是园长，还是教师，面对一项政策的实施，需要有正确的态度，要讲究方法措施，切不可粗心大意。但凡政策的内容都遵循普遍性原则，而执行的幼儿园往往具有一定的特殊性。在这种情况下，执行政策需注意制订计划与组织实施。执行政策不是领导者一个人的事情，需要组织团队，发动群众参与，结合实际拟订实施方案，通过调查研究，摸清情况，再确定任务，明确分工，落实责任，重点突破。

（三）坚持指导，总结提高

一项教育政策贯彻执行得如何，需要进行过程管理和及时总结才能做出判断。检查总结是政策执行中不可忽视的必要环节。执行过程的检查可以促进政策的执行，因为执行政策是一项比较复杂的工作，不可能轻而易举就见实效，每一个阶段的工作只有通过监督才能发现问题，进而采取措施。总结是政策执行的最后一环，总结的作用是对已经执行的政策进行评估。

第二节　园长法律理解与执行能力的提升

一、实施原则

（一）严肃性原则①

幼儿教育法律作为幼儿教育从业人员的行为规范，是权威性与规定性的统一。法律本身具有法的严肃性，这就要求园长严肃认真贯彻学习，自觉地维护法律的权威性和严肃性。

案例　疏忽法规埋祸根②

某幼儿园因为扩大办园规模，向社会公开招聘部分保育员。经过笔试和面试，张某如愿被聘为该园的保育员。经过简单的常规培训后，张某正式上岗，工作期间积极上进，多次受到领导的肯定和同事的好评。一年后，该园所在地的妇幼保健院对该园幼儿进行体检时发现，张某所在的班级有多名幼儿携带乙肝病毒。经追查，幼儿园才得知张某有乙肝病史。据张某讲，幼儿园在招聘时并没有询问她有没有传染病史，更没有对她进行体检，她自己也就没有意识到这一问题。尽管幼儿园果断辞退了张某，但幼儿的家长忧心忡忡，纷纷找幼儿园理论。

本案中幼儿园在招聘保育员时，没有对相关人员的身体状况进行检查，导致有乙肝病史的张某担任保育员一年之久，最终造成多名幼儿被传染上乙肝的严重

---

①　吴恒山．用教育政策统领学校工作[J]．中小学校长，2015(05)：10～12.
②　孙明．疏忽法规埋祸根[J]．早期教育(教师版)，2004(02)：36.

后果，幼儿园应承担赔偿责任。

《幼儿园管理条例》第九条规定：慢性传染病、精神病患者，不得在幼儿园工作。该规定明确了幼儿园在招收工作人员时有对其身体健康状况履行检查的义务。本案中，该幼儿园因工作疏忽，没有履行自己的法定义务，应对造成的损害后果承担赔偿责任。建议幼儿园在开园、办园、发展的过程中应认真执行国家有关保育、教育方面的卫生安全标准，切忌因一时疏忽或麻痹大意而铸成大错。

（二）循序渐进原则

循序渐进原则是学习任何知识的基本准则之一。园长学习法律相关知识，提升法律素养也要遵循这一原则，即要遵循法律学科知识的逻辑，以使自己有次序地、系统地逐步掌握法律学科的基础知识和基本技能，发展能力，具体做法如下：

①打好基础；

②由易到难；

③量力而行，切忌急于求成。

（三）系统性原则

教育离不开社会，教育的目的就是要使学生更好地了解社会、适应社会，进而能动地改造社会。唯教育而教育只会"办死教育"。了解社会也就是要"识时务"，了解社会的运行法则，了解行业的兴衰、竞争的特点、发展的趋势及其对未来人才的要求。幼儿教育是社会系统的组成部分，必然受到社会的影响与制约，因此，园长学习教育法律法规时必须有宏观思维，坚持用系统性观点看问题。

二、实施策略

（一）正确识别法律问题[①]

幼儿园发生的各种与法律法规相关的事件，经常是错综复杂的，可以从不同的法律视角来分析。可以说，正确识别法律问题，在客观事实或者事件中发现有没有法律问题，是什么性质的法律问题，具体的关键争论点是什么是法律学习和研究的第一步，也是正确理解和适用法律的基本要求。

---

① 肖永平."五 I 学习法"：学习法律的有效方法[J]. 中国大学教学，2008(02)：26～29.

案例　有关无固定期限劳动合同的问题

　　李军是某幼儿园园长，他在学习了《中华人民共和国劳动合同法》后，对无固定期限劳动合同的规定有些不明白，咨询了如下问题。

　　李：张老师是 2006 年 2 月被聘用到我园工作的，如果到了 2016 年 2 月，她要求订立无固定期限劳动合同，我园就应当和她订立吗？

　　　　　　　　　　（本案例由北京市昌平实验幼儿园徐露老师编写）

　　《中华人民共和国劳动合同法》第十四条规定：无固定期限劳动合同，是指用人单位与劳动者约定无确定终止时间的劳动合同。用人单位与劳动者协商一致，可以订立无固定期限劳动合同。有下列情形之一，劳动者提出或者同意续订、订立劳动合同的，除劳动者提出订立固定期限劳动合同外，应当订立无固定期限劳动合同：

　　劳动者在该用人单位连续工作满十年的；

　　用人单位初次实行劳动合同制度或者国有企业改制重新订立劳动合同时，劳动者在该用人单位连续工作满十年且距法定退休年龄不足十年的；

　　连续订立二次固定期限劳动合同，且劳动者没有本法第三十九条和第四十条第一项、第二项规定的情形，续订劳动合同的。用人单位自用工之日起满一年不与劳动者订立书面劳动合同的，视为用人单位与劳动者已订立无固定期限劳动合同。

(二) 准确理解法律规则①

　　法律学习必须以法律条文为基础，但这绝不是法律学习的全部，而是法律学习的基本要求。因为法律的灵魂不仅在于条文的解释，还注重法律精神的伸张。

案例　见义勇为致伤，是否可算工伤②

　　某月 15 日晚上，某幼儿园聚餐结束后，两位老师和一位实习生结伴回幼儿园取东西。她们到办公室不久，就听到传达室方向传来一声巨响。她们本能地冲了过去，发现传达室已是一片火海。想到里面住着的保安老王，她们二话没说就冲进去救人。救出尚能说话的老王后，两位老师因烧伤过度晕倒在现场，

---

①　肖永平 . "五Ⅰ学习法"：学习法律的有效方法[J]. 中国大学教学，2008(02)：26～29.

②　李小红 . 见义勇为致伤，是否可算工伤[J]. 早期教育(教师版)，2009(06)：36.

实习生也重度烧伤。

问题：两位老师因见义勇为而受伤，能否被认定为工伤并享受工伤保险待遇？

工伤通常是指职工在工作时间（包括上下班途中）、工作地点因工作所受到的损伤或所患的职业病。认定工伤的核心要素是职工所受到的伤害必须和工作有关联性，工作时间、工作场所、工作内容等都是最有力的参照因素。

本案中两位老师确实是在非工作时间、非本职工作岗位救助非园内幼儿而受的伤，是否能被认定为工伤值得商榷。但即使不能被直接认定为工伤，两位老师依然可以享受工伤保险待遇，因为《工伤保险条例》规定了几种虽然和工作无关，但基于特殊的原因也应视同工伤的情形：在工作时间和工作岗位，突发疾病死亡或者在 48 小时之内经抢救无效死亡的；在抢险救灾等维护国家利益、公共利益活动中受到伤害的；职工原在军队服役，因战、因公负伤致残，已取得革命伤残军人证，到用人单位后旧伤复发的。

本案中两位老师在危急关头救人的行为属于维护国家和社会公共利益的行为，应当得到社会的肯定和尊重，应当视同工伤。"视同工伤"和"工伤"在法律后果上，除伤残军人旧伤复发不可以领取一次性伤残补助金外，其余方面是完全一样的。"视同工伤"者享受全部的工伤保险待遇。

（三）善于确定关键事实

法律是一门实践性非常强的学科。园长在学习法律法规时，除了学习法律条文外，还要注意学习经过加工和提炼的案例，善于确定其中的关键事实。

案例　谁可以成为办园主体

2016 年 5 月，某位归国华侨在了解到家乡学前教育"入园难、入园贵"的现状后，决定在当地开办一所幼儿园。

我国法律规定，自然人开办幼儿园必须具备三个条件：首先，本人是中华人民共和国公民；其次，享有政治权利；最后，具有完全民事行为能力。根据这一条款，该华侨没有开办幼儿园的权利。

(四)养成不断追问的习惯①

由于法律是在解决社会问题的过程中发展起来的,不同的人在不同立场上常常有不同的观点和主张。因此,园长要养成不断追问的习惯,只有如此,才能体会法律的精髓和真谛。法律条文只是法律规则的外在表现形式,法律的实质和价值追求一般隐含在法律规则的背后。

每一部法律都是立法者在众多选择中根据立法时的各种社会因素所做的一个选择。园长要掌握法律的实质,只有不断地追问下去,了解法律规则是什么,懂得为什么要制定这样的法律规则,掌握该法律规则的适用条件、范围及例外情况。

三、实施途径与方法

园长应当具有的法律素质是多方面的,包括法制意识、法律知识和运用法律的能力等。为了提高掌握幼儿教育法律法规的能力,园长应当从以下几方面做起:

(一)园长应当具有正确的法律意识②

园长应当加强对依法治国、依法治教、依法治园的必要性的认识,进一步明确教育法治的意义,形成自觉守法和坚决与教育违法行为做斗争的信念。园长只有不断提高对法的价值和教育法治的意义的认识、纠正"人治"观念,才能不断树立正确的法律意识。

(二)园长应当掌握一定的法律知识

掌握一定的法律知识是法律素质的重要组成部分。在这方面,园长的重要任务是加强法律的基本知识、教育法律的专门知识和有关园长、教师的权利和义务等方面的法规的了解和掌握。从现实情况来看,园长缺乏应有的法律知识,造成幼儿园合法权益没有得到有力保护,甚至违法治园的现象在一定程度上存在。

---

① 肖永平.“五Ⅰ学习法”:学习法律的有效方法[J].中国大学教学,2008(02):26~29.

② 吴回生.论校长的法律素质[J].现代教育论丛,2001(03):44~45+8.

 **案例** 懂法·用法·维权①

2004年5月的某一天，某幼儿园中班的老师带幼儿到户外活动。活动结束时，老师提出列队要求和安全行走注意事项后，组织全班幼儿一个跟着一个回教室。站在队尾的幼儿卢某，有意与队伍拉开了一段距离，然后嬉闹着向前猛跑。老师发现后，立刻用语言提示他不要跑。可就在这一刻，意外发生了，卢某自己摔倒了，导致骨折。

事故发生后，幼儿园保健医生在第一时间进行了简单处理，和老师、园长一起将孩子送到医院，并及时通知了家长。当晚，老师又买了营养品，到卢某家中探望。老师主动向家长表达了歉意，并详细说明了事情发生的经过。当时，家长没有一点埋怨，而且对老师的工作深表理解。老师们也很感动。卢某病休期间，老师和保健医生经常去看望。六一儿童节，幼儿园还专门给卢某送去一个大蛋糕。一个月后，卢某伤愈，老师、家长都非常高兴。

然而两个月后，卢某的家长一反常态，找到幼儿园园长索要医疗费、误工费、营养费等。他们理直气壮地说："我们给幼儿园交了保育费，孩子在幼儿园受伤，幼儿园就得承担全部责任。"

如果您是园长，面临家长的这种要求，您会如何处理呢？

第一，幼儿园对幼儿的教养职责与法定监护人的职责是不同的。依据法律，幼儿园不具有监护权，所以，幼儿园发生的幼儿伤害事故，应按"过错原则"赔偿，即有过错才给予赔偿。

第二，幼儿受伤是教师在认真履行职责过程中发生的意外，不是教师玩忽职守造成的。幼儿受伤后，幼儿园的每项处理措施都是符合法律程序和日常事理的，是尽心尽责的。因此，幼儿园无过错责任。

第三，根据无过错责任原则及《中华人民共和国民法通则》第一百三十三条的规定，幼儿由于故意或过失行为造成自身或他人损害的，应由其监护人承担责任。所以这次事故理应由家长承担全部民事责任，而不是由幼儿所在的幼儿园承担责任。

第四，从职业道德出发，幼儿园应当关心受伤幼儿。所以，教师送去营养品，表达歉意，并和保健医生多次探望，应当说幼儿园在这件事上尽了心也尽了

---

① 邓力. 懂法·用法·维权[J]. 早期教育，2005(10)：36.

力。现在家长提出索赔的要求是不合法的。

(三)园长应当具有良好的依法治园的能力

园长应具有运用法律解决幼儿园实际问题的能力，全面推进依法治园的工作，对师幼加强社会主义法制教育，依法管理和依法办理、规范学校的各项工作。

1. 园长应当严格依法办事

园长应当在幼儿园管理活动中自觉地接受法律的约束，严格依法管理和依法办事。这就需要园长在工作中懂得正确行使权利，严格履行义务，使自己的管理行为符合法律规范。园长模范带头遵守法律法规的结果，不仅能够维护法律的权威，而且能够带领广大师幼按照法律的要求呈现相应的行为，促使教育法律规范更好地在教育教学活动中得到落实。

2. 园长应当做好法律宣传教育

园长应当向师幼宣传法律，具有开展法制教育的能力，能够利用各种时机和场合对师幼进行法律知识的宣传教育，指导和监督师幼做到正确守法，使他们更好地成为敢于同一切违法行为做斗争的法律卫士。

> **案例** 滑梯生"钉"①

> 一天，放学时间到了，家长们陆续接回孩子。有的孩子不愿意回家，由家长带着在幼儿园的游乐场玩耍。一个生龙活虎的小男孩爬上了滑梯，满面带笑地滑向正在下面等候着的妈妈。这时，只听一声惨叫，随着孩子滑向地面，血顺着滑梯流成一行。妈妈着急地抱起孩子跑向卫生室。医生立即为孩子检查伤口，发现孩子的裤子被刺划破，孩子的臀部、大腿，形成一条整齐的裂口，血不停地流着。幼儿园保健医、家长及老师将孩子护送到医院缝了二十几针。事后，老园长用手心在木制的滑梯面上来回抚摸着，发现了滑梯面上有一处生锈铁钉尖露着。事故发生的原因终于找到了。家长对幼儿园的管理、设备意见很大。园长则认为这是家长将孩子接手后发生的事故，与幼儿园无关，双方相持不下……

这起事故中，尽管幼儿已经由家长接手，但是幼儿受伤的直接原因是幼儿园

---

① 邱云，孙明. 设备失修酿大祸[J]. 早期教育，2003(02)：28.

滑梯上的铁钉。作为滑梯的所有者，幼儿园负有不可推卸的责任，而家长根本无法预见这一事故的发生，不应承担责任。

这起事故中，幼儿园继续使用有不安全因素的园舍、设备，违反了《幼儿园工作规程》第三十六条规定："玩教具应当具有教育意义并符合安全、卫生要求。"事故的间接原因则反映出幼儿园的管理问题。《幼儿园工作规程》第四十条明确规定园长主要职责之一为"组织管理园舍、设备和经费"。园长应建立完善的园舍、设备管理制度，派人专门负责，定期检查，发现问题及时处理，防患于未然。这起事故还反映出有些园长、教师没有真正把幼儿的安全放在幼儿园工作首位，而是心存侥幸：设备设施坏了，修理要花钱，不用又觉得可惜，毕竟有比没有好，让幼儿凑合着用吧，只要对幼儿强调"活动时要小心"就行了。但好玩、好动、好奇是幼儿的天性，他们对后果是没有预见性的。结果，本该避免的事故发生了。

3. 园长应该具有促进幼儿园各项工作依法开展的基本能力

园长应该具有实施法律、规范幼儿园教育活动主体的行为、促进幼儿园各项工作依法开展的基本能力。在幼儿园教育活动中，教师和幼儿是最重要的主体，教育教学活动的顺利进行和有序开展，需要教师依法执教和积极维护幼儿的合法权益，还要建立较为完善的监督机制和各种制度。同时，幼儿园各项工作井然有序地开展，需要各部门和各种人员具有分明的职责，实现"各办其事"，这也要求园长在管理活动中，制定完善和合理的规章制度。园长只有具备这些能力，才能做好依法治园的工作。

 资料链接

幼儿园也是一个"人"①

《中华人民共和国教育法》（以下简称《教育法》）第三十一条规定："学校及其他教育机构具有法人条件的，自批准设立或者登记注册之日起取得法人资格。"那么，幼儿园成为法人的条件是什么？具有哪些权利、承担哪些义务呢？

一、幼儿园取得法人资格的条件

（一）依法成立

幼儿园必须依据《教育法》等的相关规定来设立。《教育法》第二十七条规定："学校及其他教育机构的设立、变更和终止，应当按照有关规定办理审核、批准、

———————————

① 童宪明．幼儿园也是一个"人"[J]．早期教育（教师版），2008(Z1)：67.

注册或者备案手续。"《幼儿园管理条例》第十一条规定:"国家实行幼儿园登记注册制度,未经登记注册,任何单位和个人不得举办幼儿园。"所以关于幼儿园的设立,城市幼儿园必须经教育行政部门登记注册;农村幼儿园由所在乡镇人民政府登记注册,并报县人民政府教育行政部门备案。

(二)有必要的财产或者经费

《教育法》第二十六条规定,设立学校及其他教育机构必须"有必备的办学资金和稳定的经费来源"。《幼儿园管理条例》第十条规定:"举办幼儿园的单位或者个人必须具有进行保育、教育以及维修或扩建、改建幼儿园的园舍与设施的经费来源。"《幼儿园工作规程》第四十六条规定:"幼儿园的经费由举办者依法筹措,保障有必备的办园资金和稳定的经费来源。"公办幼儿园的经费,主要通过国家财政拨款的形式取得;民办幼儿园主要通过举办者自筹和个人捐款等多种渠道取得办园经费,以满足办园的需要。

(三)有自己的名称、组织机构和场所

幼儿园必须有自己的名称,名称可以自己确定,但不得使用法律禁止的名称。幼儿园也必须有自己的组织机构(包括决策机构、执行机构和管理机构),对内实行管理、对外代表本单位进行教育教学活动。幼儿园还必须有自己的场所和必要的教育教学设施设备,并达到相应的卫生和安全标准,满足幼儿教育的需要。

(四)能够独立承担民事责任

幼儿园不能独立承担民事责任的,则不能成为法人。它能否独立承担民事责任,是以其能否独立自主、独立地形成并实现自身的意志为前提的;其次,由于民事责任主要是财产责任,所以,幼儿园能否独立承担民事责任,很大程度上取决于它是否有法定的必要财产或经费,否则,它是无力承担民事责任的。此外,幼儿园成为法人,首先需要拥有《教育法》《幼儿园管理条例》《幼儿园工作规程》等相关法律法规规定的条件,包括从业人员的资格、业务范围、卫生条件等,否则,就不具备举办幼儿园的基本条件,成为法人也就无从谈起。

二、幼儿园的法定代表人

对于幼儿园来说,法定代表人是园长;没有园长的,由主持工作的副职园长担任法定代表人。法定代表人对内一般行使领导权,领导法人组织的日常业务工作,对外代表法人在其职权范围内以法人的名义活动。因此,园长如果未能尽职或者进行违法活动,就应当承担法律责任。园长实施违法行为即便是依据法人的意志,在追究法人的法律责任时,也要视园长本身的过错追究其相应的责任。

三、幼儿园的民事权利能力和行为能力

（一）民事权利能力

法人的民事权利能力和民事行为能力，从法人成立时产生，到法人终止时消灭。民办幼儿园首先要在教育主管部门核准登记注册，办理许可手续，获得许可证，再去民政部门依法取得法人资格证书，自获证之日起享有民事权利能力；公办幼儿园不需要去民政部门办理法人登记，由教育主管部门（农村幼儿园由乡镇人民政府）登记注册，自办理登记注册手续之日起，具有民事权利能力。幼儿园的民事权利能力必须与其设立的宗旨相一致，同时还需要受到法律、行政命令以及登记活动范围的限制。当幼儿园被撤销、解散或由于其他原因终止时，它的民事权利能力也随之消失。

（二）民事行为能力

法人的民事行为能力从法人成立时产生，到法人终止时消灭。幼儿园的民事行为能力与它的民事权利能力是同时产生的，范围也是一致的。它的行为如果违反其宗旨或超出其活动范围的，就会产生无效的法律后果，要承担相应的法律责任。幼儿园有时可以委托代理人进行民事活动，从而实现其民事行为能力。获得授权的代理人，以幼儿园的名义在其代理权限范围内，实施的民事行为所产生的一切法律后果，由幼儿园承担。

四、幼儿园的终止

法人终止后，其民事主体资格消灭，不再享有民事权利能力和行为能力。通常情况下，幼儿园的终止主要有以下几种。①依法被撤销：依照法律法规或行政命令，撤销一些无必要存在的幼儿园；一些幼儿园在招生、收费等方面违法乱纪、损害国家或他人利益，被教育主管部门勒令停止办园。②因董事会或办园人员的决议、章程规定的存续期满或者章程所规定的解散事由发生而自动终止，这种情况主要出现于民办幼儿园。③其他原因，如国家社会经济政策的重大调整或改变、爆发战争等。

第三节　园长了解幼儿教育发展趋势与改革动态能力的提升

我国幼儿教育正在发生深刻的变革，新的形势给园长带来了前所未有的挑战，工作中的许多新问题往往无路可循、无章可依，需要园长不断探索与创新，不墨守成规，才能跟上时代的步伐，应对变化带来的挑战，才能在教育的变革中寻求更好更快的发展。[①]

　　园长必须要有了解幼儿教育发展趋势与改革动态的能力和善于把握幼儿园发展方向、发现幼儿园存在问题的个人能力，这也是园长的洞察力。[②] 只有这样，一所幼儿园的教育理念、教育观、人才观才能紧跟时代。在幼儿园办学目标的调整和确立过程中，园长的洞察力起着关键作用。观察幼儿教育改革的发展方向，发现新课程实施的突破点，具备独树一帜的办学特色，对园长的洞察力提出了更高要求。

一、实施原则

（一）未来性原则

　　园长在培养了解幼儿教育发展趋势与改革动态能力时要坚持未来性原则。所谓未来性是指园长为了达到幼儿园的预期发展目标而对未来一段时间内的工作或任务目标进行预计和筹划。也就是说，园长要能够把握时代发展的脉搏，洞悉教育界动态，善于预测未来发展趋势，能够在认真分析、调查研究的基础上审时度势，科学地制订学校的发展规划。幼儿园的未来是什么样的？这是园长应该时刻深思的问题。另外，未来性还指幼儿园在对幼儿实施教育时，必须着眼于幼儿的终身发展。

案例 为孩子的快乐人生奠基——浅析第一幼儿园办园思路[③]（节选）

　　随着各级领导的重视，我国针对学前教育制定了很多发展措施。我想每一位教育工作者、学前教育工作者都应该抓住机遇来办好我们的幼儿园，办好学前教育，提升我们的教育质量，为孩子的快乐人生做好奠基工作。所以今天我想把我们幼儿园的情况包括办园思路跟大家一起分享。

　　首先，我想把北京市第一幼儿园（以下简称一幼）的基本情况向各位介绍一下。只有了解了每个园的情况，才能看其办园思路是不是正确。我们幼儿园的每个发展思路都是根据自己幼儿园的情况制定的。一幼于1949年建园，走过了60多年，1988年被评为北京市一级一类幼儿园，1999年被评为北京市卫生保健示范园，2001年被评为首批北京市示范幼儿园。

---

① 彭姗姗. 创新型校长成长条件与途径研究[D]. 哈尔滨：哈尔滨师范大学，2010.

② 谭韵. 校长要有洞察力[J]. 教育，2009（24）：20.

③ 冯惠燕. 为孩子的快乐人生奠基——浅析第一幼儿园办园思路[J]. 中国教师，2011（02）：23～24.

　　每个园长都要有个人的办园思想。办园思想是园长教育思想及教育理想的一部分，是园长在办园实践中所涉及的思想体系，涉及园长的政治思想、精神思想、哲学思想和人文思想，同时也反映了园长对幼儿教育的现象、规律和问题的认识和看法。园长在办园过程中的指导思想就是我们园长的办园思想。办园思想还是符合幼儿园实际、促进幼儿园高效发展的谋略。办园思想是教育思想在一所幼儿园的具体体现，包含幼儿园自己的历史积淀和特点，有幼儿园自己的文化。因此，幼儿园的办园思想应当是园长立足幼儿园的园情，对自己的价值标准、承担的使命、教育理想和追求的理性定位与科学认知。可以说，办园思想是园长在办园过程中对各种办园经验和实践的浓缩和沉淀。很多园长做了很多工作，但是往往没有收到一定的效果，问题就在于园长的思路有时候不太清晰。

　　其次，我想说的就是，目标要清晰，要确定促进幼儿园发展的最佳思路。我们工作当中都要有工作目标，目标是否清晰非常重要。园长的思路决定了幼儿园的出路，没有思路，就没有出路。幼儿园的一切工作都是围绕目标开展的，目标确定后，通过目标的分解，使每个人的工作都围绕着目标进行。

　　确定目标之后，我们提出，我们的办园理念是，为孩子的快乐人生奠基。这里面有三层含义。

　　第一层就是让自信自主成为孩子的人生态度。一个人在一生奋斗过程中最重要的是有自信自主的态度。比如，乒乓球运动员打到决赛的时候除了拼实力，还要拼什么？还要拼心态，看谁能在心理上战胜谁。这种自信自主一定要有，这种自信自主的背后是一种能力。我在课程方面，为幼儿自信自主的培养做了方方面面的工作。

　　第二层就是让探究创新成为孩子的思维方式。每个人的思维方式都是不一样的。思维方式在一定程度上决定了成功与否。课程必须让老师自己有一个充分的前期准备的过程，让老师根据自己的情况，根据班里小朋友的情况制订自己的工作计划。

　　第三层是要让审美愉悦成为孩子的性格品质。当今社会是人与人竞争的社会，孩子将来走向社会必须学会与人分享，能够看到自己的长处，也能够看到自己的短处，能够看到别人的长处，也能够看到别人的短处。

　　我们把这三点作为我们的办园思想。

(二)前瞻性原则

在培养园长了解幼儿教育发展趋势与改革动态的能力时，践行前瞻性原则的重点就是培养园长的前瞻力，实现组织的战略管理，持续对幼儿园的外部宏观环境进行系统分析，以期发现外部宏观环境中蕴含的机会、威胁及其变化趋势，并且使园长能持续深入思考幼儿教育的发展规律。①

案例　园长：把好幼儿园发展的"舵"②

"跟我上！"——做教师专业发展的导师

在幼儿园管理中，园长要通过发展教师来发展幼儿，通过发展幼儿来发展幼儿园。好园长往往会高喊："同志们，跟我上！"而令人失望的园长却只是叫着："同志们，给我上！"一个好的园长，会从教研、教学等几个方面成为教师的导师。

园长要带领教师边学习边研讨，指导教师在教研活动中学会观察幼儿，研究幼儿，更新观念，改进教学。园长可根据本园的实际情况，选择合适的研究课题，邀请高校的专家、学者来园进行指导，促进幼儿园教研水平的提高。园长对教师感到棘手的问题要进行耐心引导，从理论层面到实践操作都要妥善安排。虽然年轻教师现在对有些问题感到困惑，但实践之后就会慢慢清晰起来。

园长可根据每位教师不同的兴趣、爱好，组建各种培训小组，聘请园内外专家对教师进行讲故事、弹钢琴、舞蹈、合唱、手工等方面的培训。园长要引导教师相互学习，这样既可以使教师的技能得到提高，又可以使教师与同事增进感情，最终增强组织的合力。

……

"你能飞"——做教师职业生涯的设计师

每朵花都有结果子的心，即便结不出硕果，也一定要山花烂漫；每个人都有一双隐形的翅膀，都可以在蓝天中自由翱翔，但是，为了能飞得更高、更远，

---

① 中国科学院"科技领导力研究"课题组．领导前瞻力研究[J]．领导科学，2006(11)：20～22.

② 黄翠萍．园长：把好幼儿园发展的"舵"[N]．中国教育报，2012-03-25(02).

必须练就一双坚硬的翅膀。不论一个人多么伟大，如果把他的一生拆成每一天，就会发现大部分的日子都是平淡而琐碎的，但如果一个人有了理想，平淡和琐碎就能够凝聚成伟大。因此，园长要鼓励每位教师确定自己的人生目标，向着既定的目标勇往直前。

每位教师都有自己的优势能力，如果多一把尺子就会多出一批好教师。一个有战斗力的集体的能力应该是互补的。园长要用最适合教师的风格和特点鼓励并促进他们不断提高工作水平，鼓励他们相互取长补短，制定出个人长期发展目标与短期发展计划，走个性化成长之路。园长要下力气培养骨干教师，充分发挥亮点的辐射带动作用，使幼儿园不断产生新的亮点，最后点点成线，形成一道具有鲜明个性的亮丽风景。

面对大部分教师是合同制教师的现状，园长要多为大家谋福利。经济基础决定上层建筑，较高的物质待遇会提高教师的社会地位，所以提高教师的待遇是园长不可推卸的责任。园长要想方设法提高教师的福利待遇，并利用职称评定、骨干教师评定等杠杆，来激励不同层次的教师向更高台阶迈进，可设立"教育新秀奖""教育进步奖""最佳爱心奖"等奖项，激励教师向着明确的目标奋进。

每位教师都期待成功，成功能给他们带来喜悦，更能带来信心。园长要搭建各种平台，让每位教师都能有机会尝到成功的喜悦：通过讲故事、唱歌、弹奏乐器、跳舞、写艺术字、绘画等技能比赛，让每个人都能发现自身的特长；通过开展教育活动，开展游戏活动，进行家园交流等，让教师形成自己独特的风格；在教研活动中，让教师领略到仔细观察幼儿行为后，再进行科学教育带来的惊喜与快乐。

"你真棒！"——做教师心灵健康的营养师

幼儿教师是一个劳动强度大又责任重大的特殊职业。教师工作、生活的压力较大，难免出现情绪波动。因此，管理好教师的情绪，做教师心理健康的营养师，帮助教师缓解压力、稳定情绪，让教师快乐地工作，幸福地生活，是园长的职责之一。

教师心中总有无数盏灯，每点亮一盏灯，生命就会富有新的意义，心灵就会更加亮堂。园长应该是点亮教师心灯的人，应以自己的人格魅力影响教师。园长要修身养性，努力让自己成为一个自信、乐观、豁达、坚韧、不畏困难的人，以起到榜样的作用，给教师以力量。园长要经常给教师开设各种讲座，鼓励教师自强不息、不断奋进、乐观坚毅，做有理想、有魅力的教师。

为了促进教师的心理健康，园长还可以经常邀请心理学专家来园进行讲座和培训，及时为教师疏导，帮助他们找到合理有效的调节方法，及时排除心理障碍。人在遇到困境时，是需要倾诉、需要得到宽慰的。教师只有将心中的苦水吐出来，心灵才会轻松。因此，园长要成为教师的倾诉对象，也可以用"教师—园长心语"的形式进行书面交流，这种方式会受到较为腼腆的教师的欢迎。

人是需要被肯定、被赞美的。只有得到了别人的认同，教师才会有自信，才会快乐，才会幸福。为此，园长可以推出"令我感动的一件事"演讲活动，每周抽出时间请教师讲讲身边让自己感动的事情。发生在自己身边的事情真实可信，感染力强，教师会用真诚的语言，实事求是地叙述团队中其他成员的优点和善行。被大家真诚赞美的教师会感到无比自豪，自信心也大大增强，同事之间的感情会更加深厚。

"编队飞"——做幼儿园文化建设的建筑师

园长要注重以幼儿园文化为导向，用文化提升教师的素养，用文化提高管理的品位，营造一个有利于创新型人才成长、发展的氛围，让每位教师的潜能都能得到充分发挥，把幼儿园建设成为有人文关怀、师幼共享的精神家园。园长要让全体教职工心往一处使，汗往一处流，形成高度的文化自觉，像出色的飞行大队，编队飞行，向着同一个目标进发。

创设物质文化。一所幼儿园的基础设施、自然人文环境是园长和教师审美水平和价值观的展现，要让人一走进幼儿园就能体验到浓郁的文化特色，如每面墙上都张贴着教师、孩子、家长鲜活的笑脸，每棵树上都挂着教师和孩子们一起精心设计制作的树牌，每个游戏区都充满着孩子们快乐活动的身影，每天早晨都能看到园长带领礼仪宝宝们在大门口与小朋友们握手言欢的热烈场面，这样的环境会使人感到温馨愉悦。

完善制度文化。园长要明确每个成员的岗位职责，让他们在职责的范围内放开手脚，充分发挥他们的主观能动性。各种制度制定的前提，就是要让教师理解其背后的价值取向，比如不准迟到，"早上不能让孩子等我们，一定是我们早早地来到幼儿园等候孩子们"，这才是时刻把孩子放在第一位的敬业精神。

丰富精神文化。积极、健康、向上的幼儿园文化，可以给每位教师带来潜移默化的影响，这种影响既看不见也摸不着，却能够深入人的内心，浸入人的肺腑，甚至会影响人一辈子的思想、意念和行为方式，这就是文化自觉。有了这种文化，幼儿园就有了正确的舆论导向、良好的教育风气、积极的学习氛围和规范的行为模式，幼儿园本身潜在的教育力量就能得到激发，从而促进幼儿园可持续发展。

（三）开放性原则

园长只有坚持开放、多元的教育原则才能真正做到以幼儿发展为本。开放是教育思想的开放与教育形式的开放，多元则是指培养人才的规格、特长、智能的多元。幼儿园要改变"标准件式"的计划培养模式，向个性化、选择性的多元教育模式转变。开放与多元的现代办学应以学生发展为本。

二、实施策略

园长要想提升了解幼儿教育发展趋势与改革动态的能力需要坚持以下策略。

（一）具有广博的知识

园长要具有精深的专业知识、宽厚的理论知识、广博的学科前沿知识和一定的交叉学科知识，具有扎实的教学基本功，掌握科学研究的方法论等。

（二）具有真挚的教育情感和目标追求

创新型园长能以先进的教学理念和活跃的研究思想为依托，敢于突破已有的思维定式和传统的思维模式，有创新的激情，有独到的见解，不但致力于渊博的、多学科交叉的相关领域知识结构的重构，还将发现和培养具有创新精神和能力的幼儿作为自己的教育目标。

（三）具有强烈的创新意识和善于创新的能力

园长不仅要能创造性地获取新的信息，还要能够创造性地加工、输出新的信息，创造新的教学技法，掌握和运用现代教育技术，不断开创教研、科研新领域，要有强烈的求知欲，体现在对知识的热爱，对真理的追求，对未知事物的好奇和探索上。

（四）具有开放性的人格和包容理解的良好心境

园长要能营造和谐民主的教学氛围，善于启发幼儿思维，点拨其思想火花，激发其创造灵感，能够发掘和实施丰富多样的开放性课堂教育，改革教学评价体系和方法，从而有效地促进幼儿创新素质的形成。

三、实施途径与方法

(一)园长要有深厚的功力，在做好常规工作的基础上开拓创新①

幼儿园工作主要是通过教育实现培养人的活动，园长应该具备较强的专业素养，协调人、事、物之间的各种关系，调动各方面的积极性，争取各种资源和支持，这就要求园长懂教学，善管理，能攻关。园长只有懂得教育教学规律，熟悉各方面的教学工作，深入教学第一线，掌握第一手资料，才能有的放矢地与师幼共同研究教育教学问题，指导各种科研工作，带头营造开拓创新的氛围。

> **案例** 学习故事带来的选择和改变

2013年8月，我们有幸聆听了新西兰温迪教授关于"新西兰幼教纲要和儿童学习故事"的报告。听完报告以后，我们受到了很大的震动和启发，仿佛是"忽如一夜春风来，千树万树梨花开"。长期以来，困扰在我们心头的"怎样才能调动幼儿主动学习""怎样达成教师内动力式专业发展""怎样才能使幼儿发展评价工作富有实效"等一系列问题似乎在这一刻有了答案。

我们认为，只有在幼儿主动参与的活动中，才可能发生真正的学习故事。学习故事这种评价模式的引入使幼儿自主游戏、自主学习有了机会并成为可能；学习故事作为一种表现性评价方式，与《幼儿园教育指导纲要(试行)》和《3—6岁儿童学习与发展指南》的精神高度一致，对于提高教师的专业水平、转变家长的观念能够起到很大的推动作用。于是，带着听讲座后尚未散去的激情，我们开始了在自己的幼儿园记录幼儿学习故事的尝试与探索。

一、选择的初衷

在选择尝试与探索学习故事的过程中，我们始终紧密联系园所发展的实际境遇。三义里第一幼儿园建于1987年，是一所全日制市立幼儿园，现有小、中、大6个教学班。幼儿园的优势是园所规模小、易管理，保教工作规范成体系，人员配备齐全，教养人员保教经验足、有爱心、有耐心、对幼儿生活护理和教育细致周到，区域声誉好，家长满意度高。

---

① 张洪华.校长创新研究[D].上海：华东师范大学，2004.

尽管早在 2001 年，幼儿园就晋升为北京市一级一类幼儿园，但由于园所占地面积仅为 1518 平方米，课程模式拓展受空间限制较大。同时，教师队伍中，中年以上的教师居多，青年教师只有 3 名且工作时间都已超过 5 年。俗话说："人到中年万事休。"一方面，中年教师的生活负担和压力逐渐增大，干工作有心无力；另一方面，中年教师参与区域培训、教研机会越来越少，评职评优难度大，发展受制约。这些因素导致部分教师具有较为保守的教育观、儿童观、课程观。

同时，三义里第一幼儿园的教师在工作中一向是勤勤恳恳、一丝不苟，不仅爱护幼儿，也深得幼儿的喜爱，是一支师德观念强、令管理者和家长放心的教师团队。只是，我们发现，如果认为师爱简单地等同于母爱，爱幼儿就像老母鸡保护小鸡一样，那么这样的爱背后的理念就是幼儿是被动接受的，教师应该主动给予。教师总要教了幼儿如何做幼儿才会做，教了幼儿如何说幼儿才会说，那么幼儿在哪里？谁是主体？幼儿心中的小宇宙如何爆发？

空间小的问题属于硬件问题，虽不易改变，却可巧妙利用，人为可控成分大，比较好解决；但人员问题是软件问题，不可控成分大，制约园所的长远发展。教师队伍年龄结构不合理，整体年龄偏大，未形成培养阶梯，是我园队伍建设的突出问题。对此，我们的思考是既然不能马上、彻底改变，不如先理解和顺应，再通过学习故事这一新鲜理念和做法，全面建构教师发展新路径，激励教师在原有基础上寻找发展点。

新西兰学习故事的核心要求是改变我们过去的儿童观、教育观，即"相信每个孩子天生就具有解决问题的能力"。我们在暑期听了新西兰专家的讲座后，认识到只有在先进、正确的观念指导下的师德行为才能称得上是称职的教育、真正的爱。幼儿学习故事的发生和发展，需要教师去创设一个有利于幼儿主动学习的环境，让幼儿可以在这个真正的环境里自主地探索和游戏，从而发生真正属于他们自己的学习故事。引入外来活水，树立先进师德理念，指导教师落实理论学习，改变教育行为，正是我们克服重重困难、坚持选择学习故事的初衷。

二、改变的历程

开学前，我们确定了进行学习故事研究的实验班——中一班，在两教一保的基础上又配备了一名助教。同时，我们为每名幼儿建立了幼儿成长档案，并改变原来要求教师每周撰写教育笔记、观察记录的规定，调整为只需要写学习故事。

但学习故事真的只是写写幼儿的故事那么简单吗？在设计、探索、实践、反思的过程中，一个又一个问题等待着我们，考验着我们，时刻提醒我们："学习故事这一外来物绝不是那么容易能在我们国家、我们的教育环境中落地生根的。如果我们仍然抱着孩子是没有力量的、需要精心呵护的儿童观和以教师以前以集体活动为主的课程组织方式，那么显然是行不通的，我们必须继续改变。"

改变一：调整一日作息，真正满足幼儿的游戏需要

如果问："幼儿园的基本活动是什么？""幼儿最喜欢的活动形式是什么？"大多数幼儿教师都会异口同声地回答："游戏！"如果再问："幼儿自由游戏经常发生在什么环节？"教师又会说："区域游戏。"

的确，在幼儿园，幼儿每天都会在区域游戏的环节自己选择区角，自己选择材料、内容，投入且认真地"玩"着游戏。但是，当研究人员和班级教师开始捕捉幼儿在游戏中的学习故事时，却惊讶地发现幼儿和教师紧密配合的一日作息时间反而窒息了幼儿真正的游戏。早餐、区域游戏、喝水、集体教学活动、户外活动、午餐……幼儿园的一日生活环节安排犹如一个连环扣，一环套一环，常常是幼儿刚刚对一件事感兴趣或是刚刚进入状态时，时间就到了，教师和幼儿不得不像机器人一样严格遵循既定"程序"的安排。教师哪有时间观察幼儿游戏呢？

为此，管理者和实验班教师一起进行了讨论。讨论的结果就是我们一致认为幼儿园原有的作息时间将幼儿持续的、自发的、投入的游戏切割成了一个个碎块，幼儿真正的游戏很难在这样的时间安排下出现。因此，必须调整一日生活作息时间，从根本上满足幼儿的游戏需要。

为了真正满足幼儿游戏的需要，我们做了一个大胆的尝试，就是打通上午的作息时间安排，将集体教学改到下午分组进行。这样，在上午的时间段，幼儿从8点20分吃完早餐到10点半开始户外活动前，都可以一直进行区域游戏，再开始户外游戏活动。整个上午，幼儿自主游戏的时间打通了，教师频繁组织幼儿进行集体学习。生活活动的时间减少了，教师和幼儿都感觉到一种前所未有的自由和放松。因为下午的集体教学活动改成了分组形式，每组幼儿的人数少了，教师组织起来也方便多了。

结果，我们发现，虽然下午分组集体教学的调整效果很好，但上午区域游戏的效果依旧没有多大。幼儿虽然有时间玩游戏了，但是几乎没有幼儿换区游戏，

幼儿基本上都是坐在自己区域的小椅子上度过自由游戏时间。我们注意到，有些幼儿二三十分钟就玩完了手头的操作玩具或游戏，比如完成拼图、做完手工或者画好了画等，但他们并不离开自己最初选择的区角，而是仍旧坐在小椅子上无聊地等待，或是将活动区弄得一片混乱。幼儿的眼神好像在告诉我们："老师，怎么还不收玩具呢？"

改变二：取消固定模式，真正赋予幼儿游戏自由

通过反思，我们认识到，之所以发生幼儿不愿意换区的现象，是由于幼儿受以往活动区规则的限制，形成了固定的区域游戏的思维和行为模式，即要按照人数要求进区活动，且选择了某个区，就应该认真专注地玩这个区域的游戏（通常，这个活动区的游戏内容和玩法也是教师安排好的）。如果幼儿经常换区，教师就会进行干涉，引导幼儿坚持把一件事做好、做完，甚至提醒幼儿不要到别的活动区捣乱。看似富有秩序的游戏场景，实则让幼儿没有了自主选择的自由。活动区成为幼儿完成变相的学习任务的场所。

为了让活动区真正活起来，我们开始取消各种条条框框的区域游戏规定，还打破了常态下活动区材料摆放的结构与方式，重新为幼儿主动学习摆放材料，为幼儿主动学习排除了干扰与影响。我们告诉幼儿，如果建筑区的人已经很多了，他们就需要自己去判断，去协商是否可以加入那个活动区；如果他们在阅读区拿到一本喜欢的图书，却想坐到美工区去阅读，也是完全可以的。也就是说，我们试图让幼儿知道，他们可以随心所欲地使用教室里所有的材料，但用完后一定要放回原来的位置。

幼儿自主游戏的多个壁垒与环节被打通之后，教师频繁组织幼儿的环节减少了，幼儿自主活动的空间扩大了，教师和幼儿都感觉到一种前所未有的自由和放松。更重要的是，在区域游戏活动时间里，幼儿可以非常自信地选择自己所需要的材料，选择自己想去的地方，玩自己想玩的游戏……他们或是三三两两地聚在一起，或是悠闲地趴在垫子上休息看书，或是全身心地尝试变换游戏的玩法……他们的奇思妙想让教师惊叹不已。而且一个幼儿有好的游戏创意时，往往会吸引其他幼儿的加入和模仿。到了收玩具的时候，大家也特别齐心协力，很快就将玩具、材料各就各位。

这次调整后，幼儿才真正地玩起来了，教师也逐渐尝试着从前台退到后台，从不停组织到轻松支持。

改变三：更新学习观，感受一日生活的动人魅力

无论是一日生活作息时间的调整，还是区域活动游戏规则的改变，无外乎有一个目的，就是激发幼儿的自主学习和游戏，使教师能够记录到真正的幼儿学习故事。但是，当我们大步迈出探索的步伐时，我们仍然困惑：究竟什么是儿童的"学习"，什么样的故事才是"学习故事"？

温迪教授在讲座中提到，学习故事一定要记录那些真正有价值、有意义的"魔法时刻"，也就是让大家都会发出惊叹或眼前一亮的事情。于是，我们的实验班教师十分认真地观察着幼儿在游戏中专注、投入的游戏状态，开始记录各种发生在区域游戏环节的幼儿故事，有的记录幼儿的探索发现，有的记录幼儿发明创造的新游戏，还有的记录幼儿如何克服困难从不会到会……但是，只有那些有结果的游戏才值得记录下来吗？只有那些轰轰烈烈的学习过程才是吸引人的学习故事吗？我们记录幼儿学习故事的目的到底是什么？

带着这些思考和困惑，我们围绕着学习故事召开了一次教研活动。在这次活动中，我们不仅分享了实验班教师所写的学习故事，还分享了几篇新西兰幼儿教师写的学习故事。其中一篇学习故事《叶子睡着了》像散文般意境优美，讲述一个小女孩坐在幼儿园的一棵树下，悄悄地告诉教师"叶子睡着了"，由此引发教师对她的学习品质和忙乱倾向进行描述和分析。这篇故事引起了大家的共鸣，原来学习故事并非只有"探究""发现""勇敢""坚持"……教师与幼儿之间的心灵碰撞、令人感动的幼儿发展瞬间都值得记录下来。学习故事真正打动人的价值恰恰在于触及心灵。其实，幼儿教育的真谛和魅力不正在于教师和幼儿在互动中实现身心共同成长吗？

我们的学习故事虽然刚刚开始，但是我们已经感受到了这种牵一发而动全身的课程改革带来的喜悦。下一步，我们还将进一步研究什么样的材料更有利于拓展幼儿的学习。当幼儿自主自发的游戏成为幼儿园课程的常态，当教师能不断发现并认可幼儿的学习与创造，能主动采取适当的行动支持幼儿的学习时，幼儿园才能真正成为幼儿的乐园，师幼之间的关系才是真正的互利互惠关系。

（本案例由北京市西城区三义里第一幼儿园刘晓颖等提供）

（二）园长要有非凡的眼力，能见人之所未见①

对于园长来说，他要发现问题，见人之所未见，需要具备非凡的眼力。非凡就是不同于一般，一方面是能见一般园长所不能见，这是能力问题；另一方面是能见一般园长之所不屑于见，这是态度问题。前者要求园长着眼于时代要求，不断提升自我、完善自我。良好的观察力有赖于敏感的问题意识，所谓问题意识就是对问题的敏感性。这种敏感性是创新的基本表现。许多科学家正是因为具有高度的敏感性，才能在偶然显现或给予中获得启示，进行研究，发现新事物。正是这种敏感性使他们能够从周围环境的微小变化中发现问题。正因为如此，奥斯本说对问题的感受性是重要的资源。园长的心中应该时刻有一套理想的、略高于现实的标准，不时地将其与现实对照，从而发现差距。如果差距较大，难以通过常规的思路缩小，跳跃性思维、非程序化决策就会变得必要，这种创新的张力势必推动创新的产生。

> **案例　园长专业引领始自问题发现、诊断与解决**②
>
> 园长作为一园之长，集幼儿园发展方向的决策者、全面工作质量提升的督导者、幼儿园教育教学研究的引导者的角色与重任于一身，其专业引领的水平是影响一所幼儿园教育教学质量与教科研水平的关键因素。所以，新时期的园长，需要具备专业引领的素质与能力。
>
> 专业引领的素质与能力，一方面源自园长不断地学习提高，另一方面则源自实践中园长对问题的发现、分析和应对。
>
> **一、敏锐地发现、捕捉问题的能力是专业引领的前提**
>
> 没有问题就没有研究，就没有突破与进步。园长应具有敏锐地发现、捕捉问题的能力，通过经常深入班级观察、了解教师的工作与幼儿的发展情况，及时发现各种问题，再对问题进行分析与诊断，最终通过有效引导，实现新的进步与发展。
>
> 园长如何及时发现教育教学与研究中存在的各种问题呢？有以下几种途径。

---

①　张洪华．校长创新研究［D］．上海：华东师范大学，2004.

②　国秀华．园长专业引领始自问题发现、诊断与解决［J］．学前教育，2008(11)：53～54.

（一）在交流中发现问题

园长首先鼓励教师在遇到任何教育教学或研究中的困惑与问题时，都能随时和园长进行沟通与交流；其次，园长应随时走进活动室和教师共同讨论教学的思路、环境创设的要领以及个别孩子的教育问题，及时为教师的教育研究支招，成为教师的研究伙伴。

（二）营造宽松的研究氛围，使教师在自主研究中敢于暴露困惑与问题

园长要学会正视、接纳教师在教育教学及研究中出现的问题。教师经常出错的地方，往往预示着研究的难点，也是教师的最近发展区。园长应在充分理解的基础上，启发、诱导、激励教师发现成长中的问题，大胆地探索和研究。

（三）运用多种方式查班，及时发现教育教学中的问题

扫描式查班是指在有限的时间内迅速查看各班工作。这种查班方法，可以帮助园长全面了解教师整体的工作状态和教育现状，比如可以发现幼儿园整体环境创设中存在的问题，或幼儿园户外活动中教师是否能对幼儿有效指导。

分段式查班有两种方式：一种是针对幼儿园不同年龄的班进行查班；另一种是根据工作的类别分段查班，如将工作划分为教学活动、主题环境创设、区域材料投放、户外活动等分别进行查班。

聚焦式查班是指根据教学或研究中的某个问题，进行重点分析、诊断并解决。

在实际工作中，园长只有将多种查班方法相结合，才能较准确地发现问题，为园所保教工作质量的推进找准切入点。

二、深入分析、诊断问题的能力是专业引领的关键

园长敏锐发现教育教学中的问题，是迈出专业引领的第一步，要实现问题的解决，还要看园长对问题的分析与诊断能力，这种能力将直接影响到问题的解决策略和专业引领的效果。分析、诊断问题的策略有以下几种。

（一）通过现象看本质，诊断问题的实质

教育教学中的问题往往是通过教育现象表现出来的。园长如果仅仅看到问题的表面现象，而找不到教育现象背后的根本原因，就容易思想禁锢，从而无法解决实际问题。例如，某教师不用教具和操作材料组织教学，只是对孩子们"干说"。从这一现象中，我们仔细分析会发现，教师"干说"的根本原因，不是教师偷懒，而是教师对幼儿具体形象的思维特点和学习特点的理解与把握不够，忽

略了直观形象教育方法对幼儿发展的作用。抓住了根本原因，园长才能从教师的教育观、儿童观上给予正确的引导。

（二）抓住普遍问题，判断教师团队水平

通过教育现象呈现出来的教育教学问题往往较为零散，但如果将所有的问题分类，即可分为两类：个别问题和共性问题。个别问题是受教师个体发展能力的影响而存在的问题；共性问题是在教师团队中共同存在的问题，这些问题具有广泛性和普遍性。园长如果能抓住共性问题进行诊断，将有利于教师团队的整体成长和发展。例如，在教师进行秋季主题教育活动中，每个班都摆放着班级搜集到的各类种子。针对这一教育主题，有少数班级开展了种子分类活动，有的班级开展了种子发芽、成长的教学，有的班级开展了"统计种子发芽期"的活动。而更多的班级只是将秋季丰收的农作物堆积在阳台上，不知道该如何利用这一教育资源进行教学。这些普遍存在的现象，反映的关键问题是，教师不了解秋季主题教育活动中幼儿应该掌握的关键经验是什么，没能把握有关丰收和种子的上位科学概念。这一问题的解决需要园长有效的引领。

三、恰当解决问题的能力是专业引领的核心

解决问题时，园长要根据问题的不同性质，采取适宜的策略，运用不同的引领方式。

（一）抓主要矛盾，优先解决上位问题

在教育教学中出现的各类问题形形色色，如果园长同时解决，不仅精力有限，而且会出现眉毛胡子一把抓、工作重点不突出的现象。在此情况下，园长可以透过表面现象分析问题的本质，优先解决那些影响幼儿园教育教学质量的最核心的问题。

如前文所说，针对教师在组织教育活动中存在的"干说"问题，园长就可以通过开展专题讲座与研讨相结合的方式，从具体形态入手帮助教师提高认识，明确幼儿具体形象的思维特点决定了幼儿依赖直观形象、乐于操作的学习特点，只有采取了适合幼儿学习特点的教育方法，才能获得良好的教育效果。只有明确了认识，才能最终获得教育行为、教育方法上的改变。

面对"教师不会利用秋季收获的种子开展教育教学"的问题，园长可以通过科学讲座的方式，帮助教师了解种子的作用，即"自我繁殖并帮助其他生物维持生命"。当教师明白种子的上位概念后，就能根据这个上位概念进行研究并确立小、中、大班关于秋季教育的不同目标，使该项教育顺利地开展下去。由此可见，有效的专业引领，能使教师明确方向，解决教育教学中的本质问题。

以上两个例子说明，普遍存在的关键性问题常常反映出教师教育理念和教育思想方面以及对学科高位概念不清的问题，它是影响教师专业成长的关键因素。这一类问题的解决策略多集中于开展专题讲座、理论学习、交流研讨等专业培训形式。

(二)深入实践，启发诱导，解决教师专业成长中的具体问题

教育教学实践中出现的问题，我们称之为具体教育问题，这些问题渗透在教育过程的组织、教学方法的实施等环节中。因此，发现具体的教育问题，需要园长深入实践，细致观察。

对于教学过程中的具体问题，园长不要急于告诉教师正确的方法或做法，而是运用启发诱导的方法帮助教师自己发现问题。例如，在教师进行让幼儿的记录过程成为探究过程的教育研究中，教师出现了方法的探究与目标脱节、仅为方法而方法的现象。发现问题后，园长并不急于告诉教师正确的做法，而是在教学的结束环节，提问孩子："你们记录的是什么？""你们知道为什么要记录吗？"孩子回答的结果是"不知道，老师没说啊"。活动后我启发教师进行讨论："孩子为什么不明白记录的目的？""是教学中的哪些问题引发的？"通过层层启发和引导，教师最终明白："幼儿的科学记录是为科学发现和巩固科学经验服务的，不能因为探索多种多样的记录方法，而忽略了记录本身的目的和意义。"于是，教师在教学中的组织环节重新做了调整，教学研究又取得了可喜的成绩。

对于教学中出现的具体问题，园长可以采用的专业引领的策略多种多样。启发式研讨、教学现象观摩与评析、参与式与体验式培训等，都可以有效地启发引导教师的专业成长。

总之，园长在园所管理中，对教师的专业引领是工作的重要组成部分，是直接影响幼儿园教育教学质量的关键因素。园长一定要高度重视在幼儿园研究中对教师的专业引领作用，及时、敏锐地发现教学中的问题，准确地判断问题的根源，并寻找适宜的解决策略，最终推进幼儿园保教工作质量的全面提升。

（三）园长要有创新意识，保持高涨的创新激情①

创新意识是创新活动的动力系统，可以将创新意识理解为创新需要、创新动机、创新兴趣、创新热情等。

创新需要是指人们改造客观世界的一种主观要求，是整个创新意识的基本成分，是动力的源泉。创新动机是在创新需要的基础上产生的，是从事创新活动的内部动因。创新兴趣是对创新动机的进一步发展，是主体对客体的内在趋向性和内在选择性。创新热情是对创新活动所持有的一种积极稳定的情感，是比创新兴趣更强烈的一种心理状态，热烈的情感是智力、创造力活动的肥田沃土。

（四）园长要运用创新性思维，整理、建构、重构各种信息②

思维是地球上美丽的花朵，而创造性思维则是花朵中的花朵。创造性思维是指运用独特的、新颖的方式解决问题的思维活动。它与再造性思维相对，须以丰富的知识为基础，在习惯的方法不能解决问题时产生，常带有突发的、顿悟的特点。

面对信息社会，园长应不断更新自己的知识结构，运用现代信息技术，迅速地接受信息、加工信息、处理信息，使自己始终站在教育理论发展的前沿，不断学习，不断思考，不断总结，站在全国乃至全球的教育高度审视与规划未来，迅速、发展、灵活地接收、加工和运用教育信息，分析社会发展趋势及对人才的要求。

所有这些都要求园长具备及时接收信息和快速应变的能力，要求园长能在瞬息万变的社会发展变化中静下心来，去察知那些容易被人忽视而又会影响全局的缓慢变化，如此见微知著，对于常人"司空见惯"的问题，深入思考，精心求证，同样会有意想不到的收获。

---

①　张洪华. 校长创新研究［D］. 上海：华东师范大学，2004.

②　张洪华. 校长创新研究［D］. 上海：华东师范大学，2004.

第四章 幼儿园发展规划的制订

幼儿园的发展规划，主要指园长及其他成员对园所在某个时期的目标定位与发展方向、发展步骤与发展路径进行的全面系统的思考、选择、策划与部署。发展规划不等同于工作计划，更多指园所发展的宏观决策，而计划则是对规划中发展目标和发展思路的具体部署，是对具体工作行为进行的某种具体安排。园长能够科学、规范地做好园所发展规划和工作计划，需要明确以下几个方面：①了解、诊断幼儿园发展现状；②明确幼儿园发展愿景、目标；③突出发展重点；④保障规划、计划实施。

第一节 幼儿园发展规划的定义及制订规划的意义

一、幼儿园发展规划的定义

制订规划是现代管理的基本方法，是管理的主要职能。在幼儿园管理工作中，管理者需要运用规划明确幼儿园的发展目标，制定相应的措施并组织实施，进行监控，促进幼儿园持续、健康、科学发展。幼儿园的发展规划，主要是指幼儿园管理者及教职工对园所在某个时期内的目标定位与发展方向、发展步骤与发展路径进行的全面系统的思考、选择、策划与部署[①]。

幼儿园管理者要根据国家或地区教育发展战略规划的要求，系统地分析幼儿园现有的基础及所处的环境，确定幼儿园在一定时期内要达到的主要目标和发展途径，把握幼儿园的优先发展项目，并按照自己的价值观，通过全体成员的共同努力，挖掘幼儿园自身潜在资源，采取各项有效措施，提高幼儿园的管理效能，最终提高幼儿园的办园水平和教育质量，推动幼儿园的可持续发展。

---

① 周东峰. 幼儿园发展规划的制定、实施与评价[J]. 教育导刊(幼儿教育)，2008(09)：34～36.

幼儿园发展规划应以文本体系的形式呈现。规划方案是规划过程的产物，是园长与全体员工在对幼儿园发展进行集体思考的基础上形成的办园理念，是发展的方向、行动的纲领、对未来的展望与策划。可以说，幼儿园制订的中长期发展规划是园长办园理念的集中体现，更是幼儿园适应社会发展、组织课程实施、提升干部教师专业素养、促进幼儿身心和谐发展等多方面工作的重要依据。

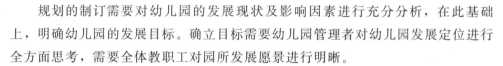

二、制订幼儿园发展规划的意义

幼儿园发展规划作为幼儿园中长期发展的基本蓝图，对提高幼儿园的管理水平和效能，提升办园质量有着非常重要的意义。

(一)规划有助于明确幼儿园的发展目标，提升管理效能

规划的制订需要对幼儿园的发展现状及影响因素进行充分分析，在此基础上，明确幼儿园的发展目标。确立目标需要幼儿园管理者对幼儿园发展定位进行全方面思考，需要全体教职工对园所发展愿景进行明晰。

科学合理的目标能够引领全体教职工的行动。幼儿园发展规划以幼儿园发展目标为核心，这样的目标既可以起到引领作用，同时也是幼儿园对社会的一种承诺，对园所自身具有约束作用。在实际的管理过程中，管理者能够据此把握方向，将目标作为指导和协调各项工作的方针，推动幼儿园各项工作有目的、有计划地开展，以调节目标、控制工作的进展和教职工的行为，降低工作的随意性和盲目性，有效应对各种变化因素，提高管理效能。

(二)规划有助于凝聚人心，协调资源，发挥合力作用

制订和实施幼儿园发展规划，要求幼儿园内部坚持自下而上、民主参与的原则。教职工广泛参与和研讨，在园所内部形成幼儿园的发展目标，有利于凝聚人心、形成共识。这样的目标和措施可以最大限度地得到教职工的支持，能够增强凝聚力，调动教职工落实幼儿园规划的积极性。

规划通过对目标的定位，对实施路径、步骤和措施的明确，能够使幼儿园每一位工作人员知晓幼儿园对部门及个人的期望，也使每个部门和每个人明白自己与其他人的工作联系，以加强彼此的协调性。

科学有效的规划能够激发全体教职工的工作热情，调动他们工作的积极性、主动性和创造性，同时也将增强部门之间、干群之间、成员之间沟通协调的有效性，有助于实现 $1+1>2$ 的管理效果。

(三)规划能够起到评价和激励作用，提升管理实数

规划所设定的发展目标及工作标准具有前瞻性和可实现的特点。在幼儿园管

理工作中，管理者将规划的要求作为评价部门、个人工作的依据，客观、公正的评价能够有效地对幼儿园各部门的工作进行监控和指导。同时规划也可增强教职工的自我控制和自我评价的意识和操作能力，有助于提高管理实效。

（四）规划能够帮助幼儿园寻找和解决发展中的问题

幼儿园发展规划要重点分析园所发展过程中面临的问题与挑战，不断发动群众，群策群力提出解决问题的措施与方法，其本质是建立一种幼儿园自我分析诊断、自我寻找和克服不足的机制，努力做到"今天做得比昨天好，明天做得比今天好，一天比一天做得更好；缺点一天比一天少，优点一天比一天多，天天都有新面貌"，进而使幼儿园不断进步，不断提高。

第二节　幼儿园发展规划制订工作中的常见问题

幼儿园发展规划的制订具有重要意义，需要幼儿园管理者的引领以及全体教职工的深度参与及各部门的协作。许多幼儿园希望通过制订系统的规划找准园所的定位和发展方向。但是，在这一过程中，有一些幼儿园会不自觉地陷入种种误区。目前，幼儿园在制订发展规划中的常见问题如下。

一、价值取向不清，规划管理意识较弱

科学的规划方案将有效地指导幼儿园的各项工作。实际的幼儿园管理过程中仍然存在规划管理意识薄弱的问题。有的幼儿园认识不到规划的重要性，仅通过学年或学期计划统领全园工作，容易使幼儿园工作限于上级指令，或围绕着常规工作及日常事务转，使园所发展缺乏前瞻性和科学依据，规划的作用就得不到充分发挥。有的幼儿园制订了规划，但限于纸上谈兵，起不到对实际工作的指导和引领作用，使得规划文案和管理实践脱节，出现"两张皮"的现象。

案例　幼儿园发展规划须重视

幼儿园的三年或五年发展规划是幼儿园发展的方向，也可以说是幼儿园园所的指南和纲要。规划质量的高低决定着园所发展的进程，关系着教师和孩子的成长。

在每年接待全国各地园长参观的过程中，我们也发现，除了要了解园所环境及课程，园长也很想看一看我们的资料。一次，一位园长看了我园的三年发展规划，提出了要复制一份的请求，看到她非常恳切的样子，我们就满足了她的要求。在一次督导工作中，我看到一所幼儿园的资料，令人诧异的是，这所幼儿园的三年规划文件上面的名字竟然是其他园所的，连撰写人都是别的园所的。

我在思考：我们的规划是做什么用的呢？这个园直接将别的园的规划拿过来的原因是不会写还是没有认识到规划的重要性？规划来源于园所对前期工作问题、困惑的思考和对后期工作的展望。规划是园长和领导班子、家长乃至社区共同的智慧，不是一个人的主观臆断。如何写好规划呢？它既应该包含园所文化的建设、两支队伍的建设、课程体系的架构，又应该囊括后勤保障、卫生保健等关系到园所发展的重要内容。规划不是独立存在的，它应该与每年的工作计划相呼应。出于对教育的责任、对姐妹的诚意，我坦白地和这所幼儿园的园长进行了沟通。"学习和借鉴是可以的，但是我们要反思别人的规划是否适合自己的幼儿园。自己园所的问题只有自己了解，自己要往哪里走也只有自己最清楚。别人的宏图永远是别人脚下要走的路，而自己盲目地或者为了省一时之力把别人的目标生搬硬套，必定会不适宜、不合拍，甚至出现鞋小脚大的状况，不但耽误了园所发展、教师的专业发展，更影响到教育的质量，孩子的成长。"

（本案例由北京市丰台第一幼儿园提供）

在规划实施的过程中，我们发现许多幼儿园仅仅把规划当作应付上级政府要求而制订的文本、被定位为级类幼儿园评比所需要的重要文件、教育督导工作中被检查的对象。许多幼儿园仅仅关注评审能否通过，不太注重实施和后期评价，或请人代为制订幼儿园发展规划。

由此可以看到，对规划的价值取向认识不清，必然会导致幼儿园在规划制订过程中不考虑规划内在的独特价值，甚至在未弄清幼儿园发展规划的含义和意义之前，就凭自己的经验理解和想象去制订幼儿园发展规划，这样的规划制订出来也只能沦为抽屉文件。

二、规划的制订过程不科学

规划的制订过程是全员参与、凝聚共识的过程。幼儿园需要通过动员、协调、组织等途径来保障规划的制订，避免产生"制订规划是幼儿园管理者的事"的思想。

有的幼儿园在规划制订过程中，将教职工的参与过程形式化、表面化，使得部门和个人的意见不能充分地参与进来，等等。教师对这种规划没有基本的认同感，甚至会感到失望和无所适从，这样会导致规划方案在执行中的效果大打折扣。

三、规划的内容脱离实际，缺乏发展起点

充分分析幼儿园现状，明确幼儿园的发展现状，这是规划制订的首要环节。因为每所幼儿园的发展都不是从零开始的，都有自己的历史，在自己以往发展的过程中，都会形成自己的传统和优势，也有自己的缺陷和劣势。即使是新建园，也不是从零开始的。幼儿园建设过程蕴含的多种文化因素、幼儿园组成人员的不同经历和文化背景，都会对幼儿园产生深刻的影响。因此，制订规划必须有透彻、深入的现状分析。

然而，在规划制订过程中，我们发现，好多幼儿园的规划往往不能从自身遇到的问题着手，或找不到幼儿园发展问题的症结，脱离幼儿园的实际，不能"基于幼儿园"，缺乏针对性。教师对这种规划没有基本的认同感，甚至感到失望和无所适从。

四、规划的目标定位不明确

规划对于目标的明确定位非常重要。适宜的目标是明确可行的，同时也是具有一定挑战性的。幼儿园在制订规划的过程中，需要注意避免出现目标过于宽泛或过于刚性的问题。

目标过于宽泛，就不能适应幼儿园的发展现状和需求。例如，把办园总目标定为"一切为了孩子"，这仅仅是一个办园宗旨，而不能成为真正意义上的目标。相对来说，如果把目标表述为"力争把我园办成管理规范有序、办园特色鲜明、队伍和谐精进、环境温馨挚爱、幼儿快乐发展、家长认可满意的市级一流名园"（引自《北京市第四幼儿园五年发展规划》）就更为清晰一些。

在实际工作中，如果目标定位不准确，就会减弱规划的作用，各部门和个人就不能将目标很好地贯彻在日常工作中，管理者也不易于用规划目标进行评价和激励，幼儿园工作仍将无方向，无蓝图。

如果目标过于刚性，缺乏一定的灵活性，幼儿园整体工作就将容易局限和拘泥于规划中的各项工作标准和任务，规划的统筹协调作用就得不到有效发挥，个人及

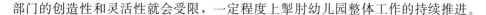

部门的创造性和灵活性就会受限，一定程度上掣肘幼儿园整体工作的持续推进。

五、规划的要素表述不清晰

在规划制订过程中，幼儿园需要结合国家及地方教育法规、制度及纲领性文件等，认真思考幼儿园的定位、发展目标以及实现目标的任务和措施等。在实际制订过程中，幼儿园容易出现与国家及地方相关法规的要求脱节的现象，易出现"闭门造车"的问题，不能将先进的教育理念及发展要求很好地贯彻落实、体现到幼儿园发展的规划中。

幼儿园对规划要求的各项要素思考不到位，表述不清晰。有的幼儿园对园所发展现状分析不到位，对发展需求定位不合理，发展任务、措施可行性不够等，这些都容易导致幼儿园在实际工作中的管理实效降低，也容易使管理工作限于经验管理和事务管理。

第三节　制订幼儿园发展规划的基本原则

制订幼儿园发展规划是指幼儿园根据国家或地区教育发展规划的需要和幼儿教育变革与发展的挑战，在系统分析幼儿园现有发展状况的基础上，通过全体教职工的努力，确立或完善幼儿园的办学方向与发展目标，分析幼儿园的优先发展项目与需要解决的问题，并制订相应的行动计划，从而达到挖掘幼儿园自身潜在优势、提高办园品质的目的。[①] 作为幼儿园发展的计划和蓝图，幼儿园发展规划应遵循系统性、递进性、前瞻性及园本性等原则。

一、系统性原则

幼儿园发展规划要求协调与整合幼儿园各部门之间的关系：一方面要理顺幼儿园系统内各个部门之间的关系，使之协调起来；另一方面要协调好幼儿园与外部社会环境之间的关系，也就是把幼儿园内外的各种力量聚集在一起，系统地思考和规划幼儿园今后的发展方向，进而勾勒出幼儿园的发展蓝图。

二、递进性原则

幼儿园发展规划的制订过程是一个立足过去、分析现在和指向未来的过程，既有对过去的回顾和总结，对现在的分析与诊断，又有对未来的预测和憧憬。它

---

① 董思．公办幼儿园新手园长如何制定幼儿园发展规划．教育导刊，2015(12)：56～58.

要求幼儿园不断对自身进行系统、客观的自评，分析自己的优势与不足。幼儿园发展规划作为一个动态的、开放的循环过程，它不是"为规划而规划"，它强调的不仅是静态的规划文本的产生，而且关注动态的实施、评价、反馈与修正的过程。

三、前瞻性原则

前瞻性原则是指幼儿园根据社会发展形势和教育改革的需要，剔除其中一些过时的、不符合发展需要的内容，增加新的符合发展形势与时代精神的内容。幼儿园发展规划就是幼儿园建设的蓝图和未来的努力方向，以幼儿园的发展目标为核心，以一定的发展理念为基础，根据幼儿园自身的状况与发展特色，对幼儿园未来发展进行合理的预测，一般而言，是为幼儿园未来3～5年设计明确、可行、有效的发展目标和发展过程。

四、园本性原则

源于发展历程、所处地源等方面因素的差异，每所幼儿园都有与众不同的特点，所以幼儿园应视自己的不同情况制订有针对性的规划。因此，规划的制订应充分考虑园本适宜性，即每一所幼儿园的规划都是"量身定制"、独一无二的。幼儿园管理者需要认真分析本园发展的内外环境及影响因素，厘清幼儿园发展中的优势及存在的问题，并以此来明确未来一段时间内的发展愿景、各项工作目标、各部门工作任务及实现的措施。这样才能有效引领幼儿园在中长期内的持续健康发展。

第四节　制订幼儿园发展规划的途径和方法

一、召集各方人士共同参与制订幼儿园发展规划

首先，幼儿园要确定参与制订园所发展规划、计划的人员，包括有影响力的人群，如上级主管领导、专家、社区成功人士、幼儿园管理人员等，这是制订出能被广泛认同的发展规划的基本点。其次，通过召集教师、后勤人员、家长、社区负责人、专家、领导等各类人员召开座谈会，讨论幼儿园的办园理念、培养目标、价值定位等，动员相关人员在制订的过程中充分发挥主体性、自主性，鼓励畅所欲言。

案例　幼儿园发展规划制订案例①

　　某园是具有优秀传统的市级示范幼儿园。随着教育改革的不断深化，"以人为本"的办园理念日益受到推崇。如何形成并完善幼儿园的愿景，同时在共同愿景下促进全体教职工参与幼儿园管理，成为发展中的新问题，该园也在思索如何改善、优化管理方式。

　　为了实现幼儿、教师的共同成长和幼儿园的持续性发展，新一轮的幼儿园发展规划与决策的制订就显得尤为重要。为此，幼儿园请各部门推选骨干教师，建立由园长任组长、业务园长任副组长、骨干教师任组员的幼儿园发展规划小组，全面勾画幼儿园的发展愿景。大家通过网上搜索、查阅书籍、专家咨询等多种途径，收集国内外优秀幼儿园发展规划的核心要素、基本内容，同时利用调查问卷、座谈会等方式，调查社区、家长对幼儿园发展的新需求，为园所规划的制订提供相关依据。幼儿园还开展各类座谈会及访谈活动，并以"我理想中的幼儿园"为主题进行教师征文与演讲比赛，之后总结分析相关资料，提炼出幼儿园发展规划的大致框架和基本内容。

　　在规划小组讨论后，幼儿园把最终定下来的幼儿园发展规划（讨论稿）通过网络公示、信息发布、规划小组成员宣讲等方式告知教职工，并开展多种相关宣传活动，以获得教职工的认同与支持。

　　幼儿园发展规划制订的过程是幼儿园各岗位人员相互理解沟通、相互协作的过程。制订规划小组涵盖幼儿园的各类人员，包括管理者、一线教师、保育员，同时吸纳专家及社区人员的力量，大家分别从各自工作的要求出发，充分交流与沟通，从工作中提出基本的要点，形成共同价值观。

　　在共同合作的过程中，幼儿园发展规划的决策与形成更成为凝聚人心的过程，是幼儿园不同岗位的人员为共同的美好愿景相互沟通协作的过程。发展规划的细化过程使规划本身更具有可参与性，使内容更丰富、更富有感召力。

---

　　① 改编自程凤春 . 幼儿园管理的 50 个典型案例［M］. 上海：华东师范大学出版社，2011.

二、细化分解目标，明确任务，形成具体的行动计划

这一点主要是说将多种方式收集来的对幼儿园存在问题、发展方向的意见和建议进行必要的归纳和梳理，将发展规划总目标细化分解为近期、中期和远期的阶段性目标。以五年规划为例，第一年可确定近期发展规划，第二、第三年可确定中期发展规划，第四、第五年可确定远期发展规划。

然后根据近期、中期、远期发展规划具体阐述各阶段目标，形成具体的行动计划与任务，包括幼儿园整体发展规划与各部门的行动计划。前者主要包括拟定整体发展的初步规划，也就是幼儿园的预期目标；后者要求各个部门和负责人员进行详细而具体的规划工作，包括明确时间、具体任务等。在确定近期、中期、远期规划时，幼儿园必须注意各阶段性的发展规划是相互衔接的。

案例　给幼儿园园长的建议①

《幼儿园教育指导纲要(试行)》的最终目的是创造高质量的幼儿教育，促进幼儿的健康成长。这一目的的实现主体是教师。因此，幼儿园管理工作需要不断提高教师的专业水平。怎样才能有效提高教师的专业水平呢？以前的观点总认为，实现这一目标最主要的方式是参加各类培训班学习理论，或者学习技能技巧，或者赛课等。这些方式都有效，但又都有一定的片面性，并不能符合所有教师的发展需要。

以上海红双喜运动器材公司为例，它最初是由5家体育器材厂合并而成的，合并时资金只有2000万元，但是负债却高达11000万元，而它旗下的体育用品从滑翔机、篮球架到帆船板，可谓"海陆空"齐备。为了让企业走出困境，总经理做出一个大胆的决定：砍掉99％的产品——将上百个产品商标、几千种产品削减到几十种，集中发展留下的1％的乒乓球产品。这样一来，产品质量大大改善，产品单价得以提高。从1995年成立到2005年，该公司的产品价格在国际市场上有较大幅度的提高，卖一套球的利润就等于卖一套家具的利润！10年来，他们赞助了中国国家队18次国际顶尖赛事，他们的产品也几乎成为世界冠军的专用品牌。

同理，我们的幼儿教师也不可能是全才，园长不可能要求他们在说、唱、跳、画、弹、组织活动等方面样样精通，也不可能让教师参加整齐划一的各项

---

① 改编自朱家雄，张亚军. 给幼儿园园长的建议[M]. 上海：华东师范大学出版社，2010：152.

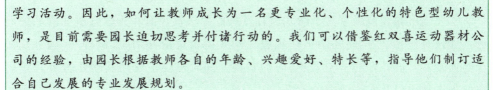

学习活动。因此，如何让教师成长为一名更专业化、个性化的特色型幼儿教师，是目前需要园长迫切思考并付诸行动的。我们可以借鉴红双喜运动器材公司的经验，由园长根据教师各自的年龄、兴趣爱好、特长等，指导他们制订适合自己发展的专业发展规划。

　　一般来说，教师专业发展规划的内容包括以下几个方面：

　　①教师的个人情况；

　　②自身成长素质的分析：内部条件、外部条件；

　　③个人发展目标：长期目标（五年）、短期目标（一年）；

　　④行动策略；

　　⑤个人发展规划的评价。

　　幼儿园在制定一系列制度的时候要时刻考虑制度是为教师的发展服务的，要体现"以人为本"的思想。只有从"以人为本"出发来建立制度，才能使制度内化为幼儿园全体人员的共识，成为他们自觉的行为和习惯。因此，管理者要根据教师的基本任务确定恰当的发展规划及目标，要有可操作性和针对性，不搞花架子。

第五节　制订幼儿园发展规划的步骤①

一、认真分析幼儿园发展现状

　　全面、客观地分析幼儿园的发展现状是规划制订过程中的一项重要工作，是确定幼儿园发展起点及制订规划的客观依据。幼儿园需要认真领会国家关于幼儿教育发展的精神以及各级各类行政法规的要求，结合先进的理论实践研究动向以及社会发展背景等，认真客观地分析幼儿园发展的主客观条件。在这个环节中，幼儿园需要注意以下几点。

（一）综合考虑幼儿园发展的内外部因素

　　在分析幼儿园发展现状时，幼儿园需要综合考虑、全面分析影响幼儿园的多

---

① 罗洁．幼儿园计划管理实用手册［M］．北京：同心出版社，2007：13.

种内外部因素，除了社会整体发展因素外，还要重点考虑如下因素。

①要学习和领会国家对于幼儿教育发展的要求及当前幼儿教育事业发展的趋势，如认真领会学习《幼儿园工作规程》《幼儿园教育指导纲要（试行）》《国务院关于当前发展学前教育的若干意见》等的精神，同时也要了解当前幼儿教育理论研究的先进理念以及实践研究的前沿。

②要掌握上级部门对区域幼儿教育发展的要求及目标，分析其对幼儿园发展的影响。

③要充分掌握幼儿园所处周边社区的环境条件以及居民对幼儿教育的需求，可以通过调查研究的方式，充分获取社区居民及家长对于幼儿园发展的意见和建议。同时，幼儿园可以借助专家学者的资源，广泛征求意见，充分认清幼儿园发展的背景和基础。

（二）明晰发展基础

明晰发展基础，是幼儿园发展的起点，涉及幼儿园发展各方面的基础数据和客观情况。幼儿园可以结合上一个 3～5 年发展规划的执行完成情况或幼儿园当前的发展阶段，明晰可量化的指标，如在园幼儿生源分布、家长学历层次分布、教师队伍年龄结构及职称结构等。幼儿园需要在掌握基本情况的基础上，让数据和事实说话，进一步分析现状。

（三）全面梳理优势

幼儿园需要对幼儿园各项工作进行全面分析，从行政管理、保教工作、队伍建设、教科研工作、卫生保健工作、总务后勤等几方面入手，全面总结上一个 3～5 年发展规划取得的成绩和积淀的经验。新建园则需要分析当前发展阶段中的各项利好条件及优势资源，明晰幼儿园发展的起点。

（四）客观分析问题

在分析优势的同时，幼儿园应当认真分析当前发展过程中存在的主要问题及其成因。如何找到并准确定位影响幼儿园发展的"真问题"至关重要。幼儿园需要结合当前幼儿教育事业改革和发展的形势以及各级行政部门的要求、社会及家长的意见反馈等，对照幼儿园各项中心任务的完成情况，经过分析、提炼，明确当前发展过程中的核心问题。问题提出应全面，忌以偏概全；应深刻剖析，忌避重就轻；应提纲挈领，忌旁枝末节。

二、明确办园指导思想

办园指导思想是指导幼儿园组织及个人行动的思想、观点或理论体系。幼儿园在制订规划的过程中必须确立正确的指导思想，并且善于把这种思想、理论与实践密切结合起来，使其真正成为指导思想。可以说，办园指导思想是幼儿园发展规划的"尚方宝剑"，规划方案的制订实施、监控及评价都要以此为指导。指导思想的确定一般要关注国家对于幼儿教育事业发展的宏观要求；中观层面要紧密结合幼儿园所处行政区划对于幼儿教育发展的要求；微观层面要以幼儿园的办园理念为中心，结合幼儿园发展现状，认真进行梳理和提炼。

幼儿园如何依据办园思路和指导思想来制订幼儿园愿景规划，主要从两方面考虑。

①依据政策，既要体现幼儿教育法律法规和当前教育改革中上级部门近一个阶段的规划要求，如《幼儿园管理条例》《幼儿园工作规程》《幼儿园教育指导纲要（试行）》、全国教育工作会议精神或政策、本市和本区教育发展规划等的要求。

②依据幼儿园办园实际情况，挖掘传统，梳理本园办园理念，明确办园宗旨和基本原则，结合幼儿园实际确定今后一个阶段的办园发展总目标和实现目标的基本途径。

三、确定幼儿园发展目标体系

在幼儿园发展规划中，幼儿园发展目标体系的构建特别重要，关系到幼儿园未来发展的定位和方向。幼儿园发展目标体系基本涵盖幼儿园发展总目标、分项工作总目标、年度分解目标。

（一）明确幼儿园发展总目标

规划制订的过程中，在认真分析幼儿园发展现状的基础上，幼儿园需要确立幼儿园发展总目标。目标是幼儿园实施管理的基础，是幼儿园管理活动要达到的预期结果。发展总目标涵盖幼儿园教育目标和管理目标，两者是幼儿园工作的两个方面。教育目标是幼儿园工作的核心，是确定管理目标的依据；幼儿园的教育目标是促进幼儿身心全面和谐发展，这既是幼儿园工作的出发点，又是最终目标。因此，管理目标的制定必须以教育目标为依据，使管理目标成为实现教育目标的有利保证。

幼儿园发展总目标的阐述要符合如下特点。

①应结合幼儿园发展实际，实事求是，即要在全面客观分析幼儿园发展现状的基础上，在认真分析问题成因的同时，制定出符合幼儿园当前发展阶段、能指

向未来发展的目标。

②挑战性和可行性并存。发展总目标应具有先进性和前瞻性，同时又要具备实现的条件，有充分的可行性。

③体现办园特色。办园特色是幼儿园在发展的过程中，根据自身发展的基础、需求及内外资源等，经过积极探索、实践、逐步培育、固化并不断发展而形成的。办园特色体现在幼儿园发展的各方面，涵盖课程建设、保教工作、管理工作、家长工作等。在发展目标的定位中，幼儿园需要考虑办园特色在新的发展阶段的深化及发展方向。

(二)明确分项工作总目标

幼儿园发展总目标是对幼儿园整体发展的规划，是高度概括的。在此基础上，幼儿园需要将总目标细化到分项工作中，以分项工作总目标支撑起全园发展总目标。两者互相呼应，发展总目标引领和指导分项总目标，分项总目标是发展总目标在分项工作中的表现。

制订分项工作总目标过程中需要注意以下两点。首先，工作分项要科学合理。幼儿园的日常管理工作纷繁复杂，情况多变，很多工作都需要各部门的交叉和协作配合。因此，分项工作只是相对地区分出不同的管理范畴，切忌严格切割、目标定位过窄过死，人为地为实际工作制造障碍，或将各项工作混作一谈不加区分、互相穿插，目标就会不清晰，从而不利于后续工作的开展。其次，分项工作总目标应该紧密围绕该项工作的重点，切忌泛泛而谈。目标的定位要契合分项工作，与总目标相对应。

(三)分解年度目标

幼儿园需要在充分考虑幼儿园发展总目标及分项工作总目标的基础上，将分项总目标继续进行分解，细化在每年的工作目标当中。年度目标是目标管理体系中最"接地气"的一层，直接影响着总目标的落地。分解目标时需要注意以下几点。

①分解年度目标要在分项总目标及发展总目标的基础上确定，不是孤立的。

②分解年度目标时横向上应有递进性，一项工作分3~5年完成，需要逐年小步推进，目标要呈现递进的特点。

③分解年度目标时纵向上应能支撑分项工作总目标，需要大致划分每项工作的内容，确定目标，使得分项目标的实现成为可能。

四、确定各部门的发展项目和措施，构建发展规划的实施体系

幼儿园发展规划各项工作目标的有效达成还需根据幼儿园实际特点，提出相应的发展规划实施保障措施，如运行机制保障措施、队伍保障措施、管理和评价制度保障措施、经费保障措施等。因此，各部门需根据园所规划总目标确定本部门阶段发展的分项目标和具体措施。

确定实施幼儿园发展规划的程序，需要根据规划设定的幼儿园总体发展目标，按照幼儿园的工作特点将总体发展目标进行分解，从而确定阶段性工作目标。例如，按照规划的总体发展目标确定年度或学年工作目标，然后根据年度或学年工作目标，明确具体工作的操作或运行步骤，并规定或明确这些工作的操作重点、工作的主要责任人或部门设计操作要点的监测或评价指标。在幼儿园发展规划实施的过程中，幼儿园要及时进行规划实施的阶段性工作总结，以确保规划实施工作的有效、有序开展和逐步深入。

例如，某幼儿园为了满足需求和更好地生存发展，办园要向小班化、精品化、托幼一体化、服务方式多元化方向过渡。阶段发展项目与措施提出要在第一年培训教师、开办亲子班，第二年研发亲子指导课程，第三年争创北京市早教示范基地，第四、第五年扩展幼儿园规模，与小区配套园联合办园，输出技术优势，带来办园经济效益。这种发展规划的制订体现了幼儿园在制订当初分析了当前教育改革形式、社会需求以及未来发展趋势，使得规划具有前瞻性和方向性。

五、统整后形成规划初稿，提交教代会讨论

规划制订出来后，提交园长审阅，并由园长提出修改意见，提请园务会讨论，以确定分项发展项目和评价指标的合理性，避免部门的分项方案交叉重复或缺失要素。之后各部门进行分项目标与措施的完善，统整后形成规划初稿。

规划初稿最终要提交教代会讨论，请职工提意见和建议并进行完善。规划通过后在全员大会上公开，并印发各部门执行，作为制订年度计划的依据之一。

第六节　幼儿园发展规划案例及点评

一、幼儿园发展规划案例1

案例 水碓北里幼儿园三年发展规划（2013年9月至2016年8月）

一、基本情况

我园建园至今已有32年的历史，通过不断改革与创新，幼儿园先后迎接了北京市一级一类幼儿园、朝阳区区级示范幼儿园、北京市市级示范幼儿园的验收工作，并取得了优秀的成绩。深厚的文化背景和历史积淀使我园具备了雄厚的发展潜力，在新的发展时期，我园将以"依托区域文化背景，发挥市级示范园教育资源优势，以儿童为本，以创新教科研为基础，为幼儿及教师搭建发展的平台，将精品、优质、普惠的幼儿教育惠及民众及社会"的办园思路，在幼儿教育领域不断前行、发展。目前，我园拥有小、中、大10个教学班共265名幼儿，43名教职员工，除4名教师本科在读外，其余教师均为本科学历，其中2名教师拥有学士学位。

二、现状分析

（一）优势

第一，在明确的办园理念和办园目标的指引下，幼儿园迎接了市级示范园的验收工作并取得了优秀的成绩，为幼儿园朝着精品、优质幼儿园发展奠定了良好的基础。

第二，进一步规范了各项人事制度和工资分配方案，基本实现了优质优酬，激发调动了教师工作的积极性。

第三，通过多种手段进行的队伍建设取得了良好的成绩，幼儿园干部、教师队伍得到了快速发展，培养中层管理干部3名，朝阳区区级骨干教师2名、区级优秀青年教师2名；1名教师获朝阳区幼儿教师半日活动评优二等奖，2名教师获朝阳区教师基本功大赛一等奖、2名教师获二等奖。骨干教师队伍梯队化进一步明确。

第四，教科研工作成果显著，区"十一五"重点规划课题《综合美术活动促进幼儿创造表现力发展的实践研究》课题成果获朝阳区第八届教育教学成果奖，园本教研活动获朝阳区园本教研活动评优一等奖。扎实有效的教科研活动使教师队伍得到了发展和锻炼，也为幼儿的发展奠定了良好的基础，百名幼儿的艺术创作作品在国内外获奖。

第五，为满足幼儿入园需求，对现有环境进行了改扩建工作，增开一个班级，改建了兼具艺术性、安全性、教育性的楼道及班级环境。

(二)不足

第一，管理队伍组建时间短，团队年轻化，管理水平及团队协同合作能力需要进一步加强。

第二，绩效工资学期工资方案与日常工作评价的结合需进一步完善，真正做到优质优酬，提升教师工作的积极性。

第三，在制度的完善过程中，存在新旧制度重叠、类别及更新过程不够清晰的问题。

第四，教师队伍年轻化，青年教师的专业素养有待进一步提升，且目前初步建立的以2名区级骨干教师、1名区级优秀青年教师为龙头的骨干教师梯队需要进一步发展，亟待培养市级骨干教师及在区内具有一定影响力的名优教师。

三、指导思想

为深入贯彻《国家中长期教育改革和发展规划纲要(2010—2020年)》和《国务院关于当前发展学前教育的若干意见》，以《幼儿园工作规程》《幼儿园教育指导纲要(试行)》《3—6岁儿童学习与发展指南》为依据，以《朝阳区学前教育发展三年行动计划》为指导，以市区两级"十二五"科研课题的研究及园本教科研为抓手，全面提升办园质量。

四、办园总目标

在未来三年中，秉承我园"以水喻己"的园所精神，在夯实市级示范园验收成果的基础上，不断深化园本课程改革与创新，全面提升教师专业水平，将我园办成一所管理严谨高效、教师队伍素质过硬、幼儿身心和谐发展，在北京市幼儿艺术教育特色园中具有一定影响力的艺术教育精品园。

五、分项目标

目标	第一年 （2013年9月— 2014年8月）	第二年 （2014年9月— 2015年8月）	第三年 （2015年9月— 2016年8月）
管理目标	①认真学习管理理念，以细节管理为突破口，加强部门的沟通与协调。 ②对现有制度进行分析，结合园所实际进行进一步梳理，从科学角度着手幼儿园的管理。 ③举办"艺润童心"幼儿艺术节（艺术创作体验），夯实园所特色。	①实践管理理念，提高细节管理的能力。 ②在实践中不断修订完善各项制度，做到框架结构清晰、内容条目明确，利于幼儿园科学规范管理。 ③举办"艺润童心"幼儿艺术表现研讨沙龙活动，面向全市展示园所特色文化建设成果。	①创新管理工作方式，形成完整的人文、科学现代管理经验。 ②认真总结经验，形成具有幼儿园特色的制度手册及管理案例集。 ③汇集特色文化活动成果，打造水幼艺术特色品牌，成为市内具有一定影响力的艺术教育精品园。

提高干部管理能力，规范科学管理

措施

①定期组织干部学习《第五项修炼》《细节决定成败》，提高管理干部对细节的关注意识。

②结合每周例会及群众路线的学习，开展管理案例交流、研讨和自我诊断及互评活动，提高干部的细节管理能力。

③在制度调整完善的过程中，广泛听取各部门意见，结合我园实际对现有各项制度进行重新梳理，确定分类标准，并按照制度更新方案进行新旧制度的更换，保证过程的清晰。

④与办园特色相结合，每学期初为教职工提供品种丰富（健康类、幼儿教育理论类等）和数量充足的图书资料。

⑤每学期至少召开两次读书、学习分享活动，围绕"艺术润养心灵"主题进行"感悟生活、艺术、自然中的美"的专题分享，形成自我学习、自我成长的教育氛围。

⑥领导班子结合《3—6岁儿童学习与发展指南》的贯彻学习撰写管理案例并参加管理案例评优活动。

⑦每学年至少开展两次大型主题活动（如"艺润心灵"六一文艺会演、幼儿画展等），凸显艺术教育成果，提升幼儿园的品牌知名度。

⑧争创北京市环境创设优质园。

⑨第三年整理出版《水幼制度汇编》《水幼校园文化成果集》。

续表1

目标		第一年 （2013 年 9 月— 2014 年 8 月）	第二年 （2014 年 9 月— 2015 年 8 月）	第三年 （2015 年 9 月— 2016 年 8 月）
夯实保教工作质量，争做精品市级示范园	管理目标	①反馈验收中的问题，结合《3—6 岁儿童学习与发展指南》进一步学习反思教育观念和教育行为。 ②深入开展市区两级"十二五"课题研究工作，对研究成果进行梳理、总结，迎接课题中期检查。 ③结合《半日活动评优标准》，厘清我园在调动幼儿自主性的方法和策略方面存在的困惑与不足，制订教研方案。	①进一步学习《3—6 岁儿童学习与发展指南》，以此精神指导教育实践，发挥保教示范作用。 ②不断完善"十二五"课题成果，申报教育教学成果奖。 ③加强观察与反思，从材料与教师两方面的支持入手，在工作中不断验证策略与方法的适宜性，为幼儿的自主表达创设更加宽松的条件与氛围。	①继续发挥保教示范作用，通过专业引领，提升姐妹园所保教工作质量。 ②以前两届课题研究及园所发展为背景，确定研究方向，制订新的课题研究方案。 ③在支持幼儿自主表达方面形成具有本园特色的经验集，使幼儿在自主表达基础上进行大胆创造。
	措施	①从半日活动入手，结合《3—6 岁儿童学习与发展指南》的学习与贯彻，引领教师以观察、反思为基本途径研究幼儿，并实施适宜的教育。 ②开展关于"美工特色区域"的分年龄班教研，针对美工特色区域的内容、材料投放方式及内容、教师指导策略及环境创设等方面进行深层次的研究，完善特色区域的功能。 ③在科研活动中，确立"每周科研日"，从活动现场观摩及课后评价反思两方面入手，开展"十二五"科研工作。 ④2014 年年底，总结"十二五"课题成果，编制教育经验与论文集、幼儿自主表达艺术作品集、自主表达支持策略集等，争创 2015 年区教育教学成果奖。 ⑤从教师专业技能及理论水平两方面入手开展教师培训工作，基本功方面围绕玩教具制作、歌唱、跳舞、绘画等专业技能，理论水平方面结合教科研工作进行案例、观察记录、论文的撰写，并结合培训进行考核工作，不断提升教师的专业水平。 ⑥围绕《3—6 岁儿童学习与发展指南》尝试开展体验式的家长培训工作，转变家长固有观念，提高家园共育质量。 ⑦重视对幼儿园保教常规工作的多元化评价，加强幼儿园保教工作考核，严格执行"计划、落实、检查、反馈"的四方面运行方法，提高幼儿园保教质量。 ⑧制定并执行一日生活各环节的评价量表，加强日常保教工作质量的评价。		

续表2

目标		第一年 (2013年9月— 2014年8月)	第二年 (2014年9月— 2015年8月)	第三年 (2015年9月— 2016年8月)
优化队伍结构，提高整体素质	管理目标	①加强干部间协调配合，发挥最大效用，加强对干部的考评。 ②不断丰富园本培训的内容形式，发挥骨干教师的作用，形成教师培养梯队。 ③结合《幼儿园教育指导纲要(试行)》《3—6岁儿童学习与发展指南》精神及教师在一日生活组织中的困惑问题对教师进行分层培训，提高教师的专业技能。	①进一步完善对干部的考评机制，加强对后备干部的培养，形成培养计划、方案。 ②通过骨干教师的作用逐步使教师队伍均衡发展，培养市级骨干教师1～2名，区级骨干教师3～4名，园级学科带头人2～3名。 ③在工作中实践《幼儿园教育指导纲要(试行)》《3—6岁儿童学习与发展指南》精神，加强教师教学基本功的培训，学习、实践与反思相结合，开展教育教学工作，提高专业技能。	①加强干部队伍的交流，形成干部梯队。 ②为教师提供多渠道、多层面的平台，以市、区级骨干教师为龙头，不断优化教师结构，培养特长教师、名师1名。 ③不断创新工作方法，落实《幼儿园教育指导纲要(试行)》《3—6岁儿童学习与发展指南》精神，在教育教学和日常工作中能够体现正确的教育观念。
	措施	①继续开展每月管理案例、每周例会交流活动，通过有效的反思解惑丰富青年管理干部的管理经验。 ②每学期向管理干部推荐管理书籍，认真学习科学先进的管理理念，坚持自学和集体学习，通过每月的管理案例相互交流读书感受。 ③通过考核选拔青年后备干部1～2名，进行重点指导培养。 ④为管理干部提供外出学习提高的机会，丰富其管理理论知识和实践经验。 ⑤做好师徒结对工作，每学期制订师徒结对计划，并按计划执行。 ⑥每学期至少开展两次经验型教师引领下的教科研工作及特色活动展示、专题讲座活动。 ⑦根据教师发展情况，通过业务学习、园本培训等工作分层做好教师队伍培养工作。 ⑧每学期末，在调研的基础上修改完善教师评价考核标准和办法，形成比较合理的评价体系。 ⑨通过制订个人专业发展规划，为教师提供个性化的指导与支持，使其尽快成长。 ⑩每学期至少邀请科研专家进行4次科研培训，提高教师的研究能力；每学期至少邀请教育教学专家对教师进行两次《3—6岁儿童学习与发展指南》落实的专题培训。			

续表 3

目标		第一年 （2013 年 9 月— 2014 年 8 月）	第二年 （2014 年 9 月— 2015 年 8 月）	第三年 （2015 年 9 月— 2016 年 8 月）
后勤保障快捷有序，不断提升办园质量	管理目标	①加强安全技防设施的维护，提高幼儿园的安全技防水平。 ②有计划地改扩建幼儿活动空间，满足幼儿入园需求。	①继续做好安全宣传、安全主题教育活动，把安全工作融入一日生活之中。 ②积极调研，合理配置资源，相互配合完成园庆的筹备和开展工作。	①进一步加强对安全工作的检查与抽查，提高教职工对突发事件的应对能力。 ②进一步为幼儿创设更加安全、舒适、艺术、目标化的教育环境，彰显幼儿园特色。
	措施	①加强对各个监控技防设施的日常维护，保证各项设施的正常运转。 ②对园所一层多功能厅进行改造，扩建班级。 ③积极对大型户外活动器材和户外场地进行维护，保证游戏的安全。 ④广泛听取教师意见、建议，整体规划幼儿园园庆庆祝活动的推进方案，保证活动的有效开展。 ⑤定期开展安全主题教育活动。 ⑥定期与一线教师交流沟通，了解教师需求，为班级提供有效的支持与帮助。 ⑦定期召开后勤交流例会，沟通各部门工作，落实为一线服务的举措。 ⑧定期开展安全演习，加强对安全工作的检查与抽查。		
重视卫生保健，促进师幼身心健康	管理目标	加强对幼儿体育锻炼的监测，凸显保教融合，提高幼儿健康的科学管理水平。	发挥卫生保健的示范作用，不断丰富幼儿食谱，提高膳食管理质量，满足幼儿身体健康发展需要。	通过园所间的学习、交流和经验介绍与推广，发挥我园卫生保健示范作用。
	措施	①注重日常检查。 ②各年龄班积极开展体育锻炼及健康主题教育活动，加强对户外体育活动的监控力度，促进幼儿养成良好的卫生习惯，增强幼儿体质。 ③科学管理体弱儿，对肥胖儿管理方面的经验进行梳理，形成经验手册和个案集。 ④及时对食堂人员进行练兵，不断丰富幼儿食谱，适时开展幼儿自助餐的探索和开展工作，优化幼儿膳食。 ⑤每月进行一次保育员培训和考核，针对存在问题进行汇总和解决。		

六、保障措施

（一）组织保障

①成立园长、工会主席、保教主任、科研主任、后勤主任为成员的规划领导小组，全面负责规划中各项工作的管理、实施、检查，并对每一年规划的实施情况进行自评。

②明确完成时间和责任人，以园务会为园本评价主体，形成自评报告后，交园务会审议，对规划的实施进行监督和评估。

（二）经费保障

以教育优先为原则，经费对一线倾斜，增加教科研经费的投入，增加对骨干教师奖励资金的投入，切实保障幼儿园的健康发展。

（三）物质保障

合理配备资源，发挥各项设备的使用效益，保障规划的有效落实。

案例点评

第一，格式清晰，表述较为准确，规划的指导思想明确，办园目标清晰，分别对干部管理、保教工作、队伍结构、后勤保障和卫生保健列出了详细的管理目标和具体措施，使规划执行过程目标明确，有一定的检验标准。

第二，分项管理目标以表格的形式呈现，清晰明确，一目了然。

第三，建议落实主要工作安排及责任人，这样便于部门分阶段有计划地进行落实与完善，很好地在执行规划过程中发挥部门或责任人的主体作用。同时，从幼儿园管理的角度来看，这也便于园长检查各部门执行规划的效果情况。

◇ 二、幼儿园发展规划案例 2

案例 劲松第一幼儿园三年发展规划（2012 年 9 月—2015 年 8 月）

一、幼儿园现状分析

（一）幼儿园的基本概况

幼儿园建园于 1981 年，现为一园两址，分别位于北京市三环内北京市第一批居民住宅小区劲松一区内（劲松园区）和北京市四环外平房乡管辖的商品房小区华纺易城内(华纺易城园区于 2009 年 9 月 1 日正式开园)。

劲松园区现有 5 个全日班;华纺易城园区现有 10 个全日班,在教委对地区百姓的关心和解决入园难的问题中,正在扩建加层,增加 5 间教室。

全园正式教职工总计 88 名,其中正式在岗在编教职工 71 名,聘用教师 2 名,临时工 15 名;退休人员 23 名。

幼儿园拥有在岗共产党员 17 名;组织关系在本园的退休党员 1 名;台属 1 名(兄长在台湾,退休教师)。

(二)幼儿园发展的挑战和机遇

①干部和教师队伍不断更新,其中,在管理岗位上工作 3 年以下的干部占 67%,教师队伍中 30 岁以下青年教师占 76%,急缺骨干教师。

②劲松园区自 2001 年至今,全面支持其他园区幼儿园的建设,幼儿园的整体环境急需改造;华纺易城园区正在改扩建,需要逐步添置各项设备设施。

③园本课程建设在具备了一定理论框架的基础上,针对新教师占主体的现状,需要进行系统化的实践探索。

(三)幼儿园发展中的主要优势

1. 外部环境

(1)社会发展和政策环境

国家和全社会对幼儿教育的重视进一步增强,朝阳区教委对幼儿教育在政策等各方面的支持力度不断增大,对教师队伍建设、教育科研建设、科学化管理等多方面给予了全面的支持。

(2)社区状况

社区资源丰富,与幼儿园有较密切的合作。

2. 内部环境

① 组织健全,具有良好的和谐向上的园所氛围。

② 有一支特级教师领衔的积极向上的骨干教师、青年教师团队。

③园本课程《角色性主题游戏课程》的建设得到了专家和教师在理论构建和实践构建中的支持。

④ 幼儿园文化建设具备雏形。

二、办园理念和管理理念

(一)办园理念:每一朵太阳花都在这里幸福绽放

在孩子的眼里,一朵花就是一个世界;在教师的眼里,一个孩子就是一个世界;一粒种子改变世界,一朵花触动心灵。劲松第一幼儿园这个大花园,要让每一朵花幸福绽放。

(二)管理理念:举众人之手,擎发展之天

纵观劲松第一幼儿园的发展历史,我们可以发现,团队的和谐发展是对幼儿园和教师发展最大的贡献。幼儿园的发展是每一个对国家、对社会发展负责任的教师推动所得的。联合国教科文组织指出"发展越来越被看成是一种唤醒的过程,一个激发社会大多数成员创造力的过程,一个释放社会大多数成员个体作用的过程,而不是被看成是一个由计划者和学者从外部来解决问题的过程"。中国古人云"盖众擎易举,独力难支"。每一个人的发展离不开团队的发展环境的推动。一个人,只能通过他的所作所为,通过做出决定,通过增进对自己正在做的事情以及为什么做这些事情的理解力,通过丰富他自己的知识和能力,通过全方位地参与他所生活于其中的生活而获得发展。

三、发展的目标定位

(一)办园目标

依法办园,以德治园,在真积力久则入的人文精神、尊重包容的人际态度中,倡导"为和谐发展而教育"的价值取向,立足实际,建设一所名副其实的北京市示范幼儿园。

(二)培养目标

培养礼(良好的品德行为习惯)、美(良好的艺术素养)、慧(良好的思维品质)、健(健康的心理品质和身体素质)和谐发展的幼儿。

四、任务及措施

	任务	措施
制度建设	完善组织建设,发挥组织职能	在幼儿园不断扩班的过程中,重视党团工会组织建设和组织职能作用的发挥,增强监督行政、依法治园的力度
		在各园区建立行政与各组织的对话机制,监督保证幼儿园财务、人事、重大事项等依法按程序落实
		组织开展幼儿园预算和决算管理调研,保证预算和决算的落实,提高资金的使用效率

续表1

	任务	措施
制度建设	建立定期沟通机制，在合作中保证工作稳定开展	针对干部上岗时间短的实际，落实定期交流沟通机制，保证各项工作在协作中完成
		进一步明确管理资源部的保教、总务、保健、财务、资产、人事、资料等责任，指导和支持园区落实工作目标
	提高幼儿园依法办园效能	建立幼儿园管理、教师、总务监督检查工作小组，全面监督干部廉政和各项工作的依法开展
	做好退休人员管理工作	在工会的统筹下，做好退休人员管理工作
	大力加强幼儿园档案管理，提高档案管理的技能和水平	在教委的领导下完善档案管理制度
		在档案管理干部的指导下，各岗按照要求做好档案管理工作
	提高应对突发事件的能力	建立安全、卫生等预案管理体系，通过多种形式强化制定、学习、落实工作
文化建设	加强幼儿园文化建设	认真落实教委关于文化建设的指示精神，在继承和发展中不断探索
		以"太阳花的世界"为主题，建设丰富的幼儿主题游戏活动空间
队伍建设	培养名师	支持特级教师芦德芹领衔骨干教师工作室工作，在名师的带领下，培养出市区骨干教师
	培养骨干教师	保教和科研协作，指导、支持骨干教师开展课题研究，培养教师健康、科学、严谨的思维习惯
		支持骨干教师参加园级、区级等教研活动和继续教育
	培养青年教师	建立师徒结对机制，为青年教师成长搭建沟通平台
		鼓励青年教师自主申报、合作申报幼儿园各项学习和活动课题，使教师在主动学习和实践中成长
保教工作	培养有礼貌、乐于交往、自信、有良好卫生行为习惯和学习习惯的幼儿	建立科学的幼儿一日生活常规
		创设有序、温馨、宽松、目标清晰的生活学习环境
		以"太阳花的世界"为主题，开展丰富多彩的幼儿主题活动
	挖掘社区资源，丰富角色性主题游戏课程建设的途径和内容	组织和开展幼儿园家委会和班级家委会活动
		指导、引领、帮助教师落实角色性主题游戏课程，提高教师课堂教学、生活游戏组织、户外活动组织的能力

续表2

	任务	措施
保教工作	探索信息化和多媒体在日常保教工作中的运用方法和效能	探讨信息化在幼儿一日生活中的应用，在实践中探索多媒体设备的使用方法和效能
		探索信息化在家园共育、沟通交流中的作用
	为社区0～3岁幼儿接受早期教育服务	密切与社区的沟通联系，根据社区的需要，走进社区，为社区散居幼儿提供早期教育服务
		落实早期教育示范基地的工作任务
教育科研	继续开展角色性主题游戏课程的建设	与专业机构合作，开展园本课程教育实践研究
		物化研究成果
	推进音乐、美术、数学、英语基础课程学习，探索与主题融合的可能性	与保教人员密切合作，共同组织开展教师分科基本功培训
		与保教人员密切合作，在教育科研领域评优的带动下，开展教师基础课程的学习、研讨和实践，提高教师学科理论水平和实践能力
		探讨音乐、美术、数学、英语与幼儿生活的联系，探索课程与主题融合的可能性
	提高教师的教育科研能力	通过沟通，了解教师实际工作中的困惑和问题，帮助教师确立不同层次的研究课题，指导教师开展行动研究
卫生保健	卫生保健工作系统化	建立一系列可行可检的卫生保健制度和流程，强化自我管理和自查
	提高食品卫生管理效能	探讨与财务、炊事班、卫生保健、教师、总务配合沟通机制的建立，做到发现问题及时沟通，及时解决
		坚持伙委会一月一开制度，丰富伙委会召开的形式，以保证食品卫生安全和提高幼儿伙食质量为根本
	培养有良好卫生行为习惯的幼儿和教师	建立与保教人员的沟通机制，共同探讨如何培养有良好卫生行为习惯的幼儿和高文明素养的教师
		与保教人员和家长配合，继续开展童谣创编活动
	全面监控幼儿体能锻炼的效能	与保教人员配合，探讨保证幼儿体能锻炼的多种方法

续表 3

任务	措施
总务后勤	
大力宣传责任与安全，保证幼儿、教师的生命安全	全面落实安全管理责任制，与保教、保健工作密切配合，加强对安全工作的宣传
	不断完善安全管理制度，建立系统的管理机制，确保制度的有效落实
	制订完善的安全管理预案，加强预案的学习、实践演习，保证预案的有效性和时效性
做好设备设施维修维护工作	完成华纺易城园区扩建和劲松园区抗震加固工作
	完善设备设施日常维修、维护、购置机制，保证保教工作安全、顺利开展
做好聘用人员的管理工作	做好幼儿园聘用人员的管理
管理好幼儿园的资产	严格落实教委关于资产的管理规定，及时做好资产管理账，做到账务相符

五、目标细化和保障

	2012 年 9 月—2013 年 8 月		2013 年 9 月—2014 年 8 月		2014 年 9 月—2015 年 8 月	
	目标	保障及完成标志	目标	保障及完成标志	目标	保障及完成标志
制度建设	完善制度	在教代会监督下完成幼儿园 2012 年版《幼儿园管理制度汇编》	完成廉政建设监督流程	在教委的领导下完成具体的文本工作	完善管理制度	每年暑期，工会组织全体员工根据实际进行制度完善
文化建设	落实教委幼儿习惯培养和教师队伍建设的文化精神，结合实际，探索开展五 J 文化建设	接受教委文化建设检查，在立足实际的文化建设探索实践中，提升教师、幼儿和幼儿园的文化品质	落实教委文化建设精神	在教委的检查指导中完善文化体系	落实教委文化建设精神	在教委的检查指导中完善文化体系

续表1

	2012年9月—2013年8月		2013年9月—2014年8月		2014年9月—2015年8月	
	目标	保障及完成标志	目标	保障及完成标志	目标	保障及完成标志
组织建设	落实"三重一大"工作	严格落实组织程序，发挥党团工会组织监督作用	落实"三重一大"工作	严格落实组织程序，发挥党团工会组织监督作用	落实"三重一大"工作	严格落实组织程序，发挥党团工会组织监督作用
	做好人事工作，保证教职工权益	与各部门密切配合，结合实际做好人事管理、服务	做好人事工作，保证教职工权益	与各部门密切配合，结合实际做好人事管理、服务	做好人事工作，保证教职工权益	与各部门密切配合，结合实际做好人事管理、服务
	提高应对突发事件的能力	建立应对各种突发事件的应急预案	提高应对突发事件的能力	建立应对各种突发事件的应急预案	提高应对突发事件的能力	建立应对各种突发事件的应急预案
	加强党团工会建设	党团工会合作，开展丰富多彩的活动，增进了解和协作	加强党团工会建设，加大青年团员入党力度	为思想素养突出的党团工会会员搭建进步平台	加强党团工会建设	汇集党团工会会员政治学习和活动策划、组织、反思智慧，记录成长轨迹
	将退休教师作为培养青年教师的资源	关心退休干部和教师，开展有意义的活动	建设好幼儿园老教师协会分会	关心退休干部和教师，开展有意义的活动	建设好幼儿园老教师协会分会	关心退休干部和教师，开展有意义的活动
	做好统战工作	关心台属，密切沟通	做好统战工作	关心台属，密切沟通	做好统战工作	关心台属，密切沟通

	2012年9月—2013年8月		2013年9月—2014年8月		2014年9月—2015年8月	
	目标	保障及完成标志	目标	保障及完成标志	目标	保障及完成标志
队伍建设	加强管理团队的管理合作能力和学习实践能力	坚持党政联席会制度，畅通沟通机制，形成智慧分享的和谐氛围	探索管理团队合作机制和提高管理效能的方法	总结并形成岗位、部门协调沟通合作机制在实践中的好方法	完善团队合作机制和提高管理效能的方法	在总结已有经验过程中，丰富提高管理效能的新方法
	为特级教师的提高提供全方位的保障	支持名师园内外的各种实践和活动	为特级教师的提高提供全方位的保障	支持名师园内外的各种实践和活动	为特级教师的提高提供全方位的保障	支持名师园内外的各种实践和活动
	培养3名区级以上骨干教师、6名园级骨干教师	在保教科研干部甘为人梯的精神和实践中，举全园之力培养骨干教师	根据幼儿园发展实际，确定年度骨干教师培养目标	在保教科研干部甘为人梯的精神和实践中，举全园之力培养骨干教师	根据幼儿园发展实际，确定年度骨干教师培养目标	在保教科研干部甘为人梯的精神和实践中，举全园之力培养骨干教师
	做好招聘教师和多层次教师培养工作	针对不同层次教师，探索多种培养策略，总结实效	做好招聘教师和多层次教师培养工作	针对不同层次教师，进一步探索、丰富培养策略和实效	总结经验，针对实际进一步做好多层次教师培养工作	总结培养策略、途径和实效，形成经验文集
	培养有调研意识的总务管理队伍	针对幼儿园改扩建和预算管理，在调研的基础上做好工作	培养有调研意识的总务管理队伍	针对劲松园区的抗震加固和预算管理，在调研的基础上做好工作	培养有调研意识的总务管理队伍	调研结果运用于预算和决算管理中，切实提高资金使用效益
	培养保健管理干部，使他们尽快掌握基本的保健管理知识和要求	保健医生能够独立完成本岗工作，并能在合作中保证幼儿园各项保健工作的落实	进一步提高保健管理能力	能够在合作中进一步提高保健管理水平和效能	形成稳定的卫生保健管理队伍	能够在合作中，有针对性地提高园区卫生保健管理水平
	落实教委的双名工程和教师教育教学能力培养方案	通过建立骨干工作室等梯队培养策略和保教工作实践，保证工程和方案在实践中的落实	落实教委的双名工程和教师教育教学能力培养方案	立足实际，通过实践、培训、展示、宣传、课题研究、研讨等多种方式，保障工程和方案的落实	落实教委的双名工程和教师教育教学能力培养方案	立足实际，通过实践、培训、展示、宣传、课题研究、研讨等多种方式，保障工程和方案的落实

续表3

	2012年9月—2013年8月		2013年9月—2014年8月		2014年9月—2015年8月	
	目标	保障及完成标志	目标	保障及完成标志	目标	保障及完成标志
保教工作	聚焦幼儿良好习惯养成，培养良好师德，培养良好的职业习惯	幼儿喜欢上幼儿园，家长满意度在90%以上	聚焦幼儿良好习惯养成，培养良好师德和良好的职业习惯	幼儿喜欢上幼儿园，家长满意度在90%以上	聚焦幼儿良好习惯养成，培养良好师德和良好的职业习惯	幼儿喜欢上幼儿园，家长满意度在90%以上
		形成科学的幼儿一日生活常规，工作环境和谐		形成科学的幼儿一日生活常规，工作环境和谐		形成科学的幼儿一日生活常规，工作环境和谐
	做好教师、幼儿、保教工作档案管理工作	建立教师、幼儿、保教工作档案管理工作制度	做好教师、幼儿、保教工作档案管理工作	建立教师、幼儿、保教工作档案管理工作制度	做好教师、幼儿、保教工作档案管理工作	建立教师、幼儿、保教工作档案管理工作制度
	坚持角色性主题游戏课程的探索	与童心派工作室合作，总结课程经验，帮助教师在实践和学习研究中成长	坚持角色性主题游戏课程的探索	与童心派工作室合作，总结课程经验，初步形成课程教师教学手册	坚持角色性主题游戏课程的探索	与童心派工作室合作，总结课程经验，完成课程教师教学手册
	在实践中重视指导青年教师学习开展家长工作	运用骨干教师工作室指导青年教师开展家长工作	在园本课程建设中，形成家园共育氛围	与家长共同开展课程探究，在资源共享中形成家园共育氛围	在园本课程建设中，进一步探索家园共育的途径和方法	探索、总结以园本课程建设为载体的家园共育途径和方法经验
	培养礼、美、慧、健和谐发展的幼儿	幼儿生活环境有序、宽松，幼儿乐于交往，有礼貌，有良好的卫生、学习习惯	培养礼、美、慧、健和谐发展的幼儿	开展"太阳花的世界"系列主题活动，逐步探索有一定影响力的活动	培养礼、美、慧、健和谐发展的幼儿	开展"太阳花的世界"系列主题活动，逐步探索有一定影响力的活动
	建设有职业道德的教师队伍	通过教育、学习、实践、反思等多种途径，提高教师职业道德	深入开展师德建设	探索师德建设的基本途径和方法	深入开展师德建设	探索师德建设的基本途径和方法

续表4

2012 年 9 月—2013 年 8 月		2013 年 9 月—2014 年 8 月		2014 年 9 月—2015 年 8 月	
目标	保障及完成标志	目标	保障及完成标志	目标	保障及完成标志
保教工作　加强教师间、区域间、国际的教育交流	立足教师实际，开展多种形式的观摩和交流，拓宽视野，丰富实践	加强教师间、区域间、国际的教育交流	立足教师实际，开展多种形式的观摩和交流，拓宽视野，丰富实践	加强教师间、区域间、国际的教育交流	立足教师实际，开展多种形式的观摩和交流，拓宽视野，丰富实践
建设好乐队	开展教师乐器演奏技能培训，在归零学习过程中成长	建设好乐队	开展教师乐器演奏技能培训，在归零学习过程中成长	建设好乐队	开展教师乐器演奏技能培训，在归零学习过程中成长
发挥多媒体在日常保教工作中的使用效能	探讨信息化在幼儿一日生活中的应用	发挥多媒体在日常保教工作中的使用效能	总结信息化在幼儿一日生活中的应用，开展交流活动	发挥多媒体在日常保教工作中的使用效能	丰富信息化在幼儿一日生活中的应用成果
发挥信息化在家园共育、沟通交流中的作用	探索信息化在家园共育、沟通交流中的使用方法和途径	发挥信息化在家园共育、沟通交流中的作用	总结信息化在家园共育、沟通交流中的使用方法和途径	发挥信息化在家园共育、沟通交流中的作用	总结信息化在家园共育、沟通交流中的使用方法、途径和效能
为社区 0～3 岁幼儿接受早期教育服务	密切与社区的沟通联系，根据社区的需要走进社区，为社区散居幼儿提供早期教育服务	为社区 0～3 岁幼儿接受早期教育服务	了解地区早期教育需求，开展早期教育宣传	为社区 0～3 岁幼儿接受早期教育指导服务	了解地区早期教育需求，开展早期教育宣传
			建立早期教育工作机制		建立早期教育工作机制
	建立早期教育服务档案		建立早期教育服务档案		建立早期教育服务档案
教育科研　继续开展角色性主题游戏课程的建设	与专业机构合作，开展园本课程教育实践研究	开展角色性主题游戏课程研究	与专业机构合作，形成研究成果论文和课程教学经验手册	开展角色性主题游戏课程的进一步研究	与专业机构合作，物化课程成果
以课题引领教师教育科研能力的提高	立足实际，开展服务教师专业发展的课题研究	以课题引领教师教育科研能力的提高	立足实际，开展服务教师专业发展的课题研究	以课题引领教师教育科研能力的提高	立足实际，开展服务教师专业发展的课题研究

续表5

	2012年9月—2013年8月		2013年9月—2014年8月		2014年9月—2015年8月	
	目标	保障及完成标志	目标	保障及完成标志	目标	保障及完成标志
教育科研	建立多层次教育科研梯队	支持不同研究层次的教师参加教科所、教研中心以及市区名师工作室的研究活动	建立多层次教育科研梯队	支持不同研究层次的教师参加教科所、教研中心以及市区名师工作室的研究活动	建立多层次教育科研梯队	支持不同研究层次的教师参加教科所、教研中心以及市区名师工作室的研究活动
	积极参加上级各层次、各部门的教育科研和继续教育活动	在教委、教研中心、继续教育和教育研究项目指导下，提升教师的研究能力和理论指导实践的能力	积极参加上级各层次、各部门的教育科研和继续教育活动	在教委、教研中心、继续教育和教育研究项目指导下，提升教师的研究能力和理论指导实践的能力	积极参加上级各层次、各部门的教育科研和继续教育活动	在教委、教研中心、继续教育和教育研究项目指导下，提升教师的研究能力和理论指导实践的能力
卫生保健	强化教师自我管理和自查，为幼儿做好榜样示范	建立可行可检的卫生保健制度和流程	强化教师自我管理和自查，为幼儿做好榜样示范	建立可行可检的卫生保健制度和流程	强化教师自我管理和自查，为幼儿做好榜样示范	建立可行可检的卫生保健制度和流程
	提高食品卫生管理效能	探讨建立与财务、炊事班、卫生保健、教师、总务配合的沟通机制	提高食品卫生管理效能	建立与财务、炊事班、卫生保健、教师、总务配合的沟通机制	提高食品卫生管理效能	完善与财务、炊事班、卫生保健、教师、总务配合的沟通机制
		坚持伙委会一月一开制度，吸纳不同班级的家长参加伙委会活动		丰富伙委会召开的形式，开展家园饮食文化交流		探索伙委会在家园幼儿饮食文化建设中的作用
		严格出入库和伙食安全管理		严格出入库和伙食安全管理		严格出入库和伙食安全管理

续表 6

	2012 年 9 月—2013 年 8 月		2013 年 9 月—2014 年 8 月		2014 年 9 月—2015 年 8 月	
	目标	保障及完成标志	目标	保障及完成标志	目标	保障及完成标志
卫生保健	培养有良好卫生行为习惯的幼儿和教师	建立与保教人员的沟通机制，共同探讨如何培养有良好卫生行为习惯的幼儿和高文明素养的教师	培养有良好卫生行为习惯的幼儿和教师	建立与保教人员的沟通机制，共同探讨如何培养有良好卫生行为习惯的幼儿和高文明素养的教师	培养有良好卫生行为习惯的幼儿和教师	建立与保教人员的沟通机制，共同探讨如何培养有良好卫生行为习惯的幼儿和高文明素养的教师
		与家长配合继续做好童谣创编活动		与家长配合继续做好童谣创编活动		与家长配合继续做好童谣创编活动
	全面监控幼儿体能锻炼的效能	与保教工作配合，探讨保证幼儿体能锻炼的多种方法	全面监控幼儿体能锻炼的效能	与保教工作配合，探讨保证幼儿体能锻炼的多种方法	全面监控幼儿体能锻炼的效能	与保教工作配合，探讨保证幼儿体能锻炼的多种方法
总务管理	做好幼儿、教师、幼儿园的各项安全管理工作	落实安全管理责任制，与保教、保健工作密切配合，加强对安全工作的宣传	做好幼儿、教师、幼儿园的各项安全管理工作	落实安全管理责任制，与保教、保健工作密切配合，加强对安全工作的宣传	做好幼儿、教师、幼儿园的各项安全管理工作	落实安全管理责任制，与保教、保健工作密切配合，加强对安全工作的宣传
	完成华纺易城园区的扩班加层工作	与教委各部门、施工方、家长及各部门密切配合，完成加层和设备配套购置工作	完成劲松园区抗震加固工作	与教委各部门、施工方、家长及各部门密切配合，完成抗震加固和设备配套使用保障工作	做好两个园区设备设施的安全、使用保障工作	保证各项工作安全、顺利开展
	做好聘用人员的管理工作	做好幼儿园聘用人员的管理	做好聘用人员的管理工作	做好幼儿园聘用人员的管理	做好聘用人员的管理工作	做好幼儿园聘用人员的管理

续表 7

		2012 年 9 月—2013 年 8 月		2013 年 9 月—2014 年 8 月		2014 年 9 月—2015 年 8 月	
		目标	保障及完成标志	目标	保障及完成标志	目标	保障及完成标志
总务管理		管理好幼儿园的资产	严格落实教委关于资产的管理规定，及时做好资产管理账，做到账务相符	管理好幼儿园的资产	严格落实教委关于资产的管理规定，及时做好资产管理账，做到账务相符	管理好幼儿园的资产	严格落实教委关于资产的管理规定，及时做好资产管理账，做到账务相符
		遵守国家财务管理法规，严格执行财务纪律	将财务人员纳入园务会和管理干部队伍管理和培养	遵守国家财务管理法规，严格执行财务纪律	将财务人员纳入园务会和管理干部队伍管理和培养	遵守国家财务管理法规，严格执行财务纪律	将财务人员纳入园务会和管理干部队伍管理和培养
			组织财务人员有针对性地开展进班资金使用效能调研		将调研成果运用于实践		总结经验，提高资金使用效能

案例点评

第一，规划体系完整，统筹考虑幼儿园的办园现状、发展目标定位、需完成的任务及具体措施，逻辑清晰，结构完整；按照发展目标的要求以表格的形式呈现园所各部门工作重心，发展思路明确。

第二，详细列出细化目标和保障措施，内容完善，表述准确，而且措施具体可行，便于落实。详细的安排使得各部门和教职工便于了解全园发展步骤，使教职工做到心中有数、统筹安排各项工作，同时也方便对部门执行后的绩效进行检验。

第三，应进一步细致剖析"现状分析"中园所存在问题的原因，另外，建议把园所的发展优势和取得的成绩再突出一些，引起全园重视，便于激发各部门和每个员工继续努力的内在动力。

第五章 幼儿园工作计划的制订

第一节 幼儿园工作计划概述

一、幼儿园工作计划的定义

幼儿园工作计划的制订就是幼儿园以国家的宏观目标为指导，以幼儿园的发展规划为依据，对办园规模、办园方向、改革重点、管理目标以及要开展的各种教育活动等进行统筹安排，编制各种工作计划，并通过计划管理来运筹各项管理职能，以达到提高教育质量、取得最佳社会效益的目标。

幼儿园管理工作常需对未来一段时间（如周、月、学期、学年）即将开展的工作提出设想和安排，提出具体任务、指标、完成时间和步骤方法等，这就是工作计划。幼儿园工作计划的具体内容包括幼儿园基本情况分析、本阶段总的工作任务、各方面的具体要求和措施、工作日程安排或每月重大工作项目安排等。

二、幼儿园工作计划的特征

（一）幼儿园工作计划是一种系统思考

幼儿园工作计划是幼儿园对幼儿园阶段性或各部门工作安排的系统思考，涉及对幼儿园发展基础的理性分析，对幼儿园在一段时间内发展理念与目标的选择与定位，以及对发展内容、步骤及其保障监控措施的总体筹划。

（二）幼儿园工作计划是民主集中的成果

幼儿园工作计划的制订必须发挥与幼儿园相关的全体成员（包括园长、教师、后勤人员、家长、地方教育官员乃至社区单位等）的协同作用，而不是其中的单方面力量独自为之的。

（三）幼儿园工作计划是一种管理模式

幼儿园工作计划通过校内外力量的广泛参与，积极寻求专家指导，努力营造一个有利于发展的文化环境，努力达成预期目标。

（四）幼儿园工作计划是持续的行为过程

幼儿园工作计划不仅提出幼儿园的工作预案，还是一个包括制订、实施、监督、评价、改进等环节在内的持续的、自觉的行为过程，是一个不断开发幼儿园发展潜能，提高幼儿园的办园水平和教育质量，积极有效地将幼儿园发展的理想转化为现实的过程。

三、幼儿园工作计划的种类划分

（一）根据时间划分

幼儿园工作计划根据时间可以划分为长期计划与短期计划。长期计划是指对较长时期的工作进行计划，时间可以是几年甚至十几年；短期计划是指对较短时期的工作进行计划，时间可以是一个学期、一个月、一周甚至某一天。这两种计划常常配合使用，即先制订长期计划，然后再将它分段，目的在于落实计划。

（二）根据内容划分

幼儿园工作计划根据内容可以划分为全面计划与专题计划。全面计划是指对工作进行总体规划，涉及面广，计划体系较庞大；专题计划是指对某项工作进行专项设计，重点突出，内容集中。根据不同的需要，幼儿园可以选用不同的方式。

（三）根据范围划分

幼儿园工作计划根据范围可以划分为全园计划、部门计划与个人计划。全园计划是指对幼儿园总体进行计划，它涉及幼儿园的各个方面；部门计划是针对不同部门的工作策划，如教研活动计划、年级组计划、卫生保健计划等，部门计划是与部门的职能相联系的，它具有十分明显的部门色彩；个人计划是个人在学年中制定的目标和措施，如青年教师自我发展计划等。

四、制订幼儿园工作计划的意义

（一）减小不确定性及变化带来的不良影响

凡事预则立，不预则废。环境的变化具有绝对性。当今社会，社会政策、经济政策、科学技术和人的观念都处于变化之中，组织要生存和发展，必须以变应变。计划工作承担着预测变化并设法消除这种变化对组织产生不良后果的任务。未来的不确定性要求计划制订者根据已有的信息来分析各种可能发生的变化以及这种变化与组织目标的关联度，制定出一旦这种变化发生所应采取的措施，以降低变化对组织经营的不良影响，防止组织出现混乱，并充分利用变化所带来的各种机遇。当然，有些变化是无法预测的，时间越远，不确定性就越大，这一方面是由于人们掌握的有关未来的信息有限，另一方面是由于偶然的变化是难以预测的。但是，科学的预测工作可以把未来的风险降到最低程度。

（二）使部门组织工作更为有效

计划工作是一项将活动进行系统化的工作，它使整个组织的工作协调一致、相互配合，以发挥整体优势。计划工作确定了组织的目标和行动方案，使整个组织的活动有序、和谐，可避免盲动和不协调带来的损失。计划工作还有助于用最短的时间完成工作，减少迟滞和等待时间，有助于合理使用与控制资源。

（三）引起组织成员对目标的关注

确定目标是计划工作的内容之一，而一切计划又必须围绕目标来进行。明确的目标是各部门工作协调一致的基础。一般来说，管理人员习惯专注于当前的问题，计划则可以使他们考虑将来。此外，组织成员对目标的理解具有很大的激励作用。一个有效的领导往往把制订计划看作一个动员群众的教育过程，通过制订计划，明确目标，鼓励成员为实现目标而奋斗。

第二节 幼儿园工作计划制订中的常见问题

一、表述方式不规范，遣词用句随意性大

主要表现在语句冗长、空泛，缺少针对性，缺乏实效，或照抄时髦用语，自造新词，随意简称等。园长指导幼儿园各部门做工作计划的过程，也正是大家学习、思考的过程。当前，各种教育理念很多，它们之间是有一些差异的，因此，制订规划、计划者尤其需要鉴别各种观念与自己幼儿园发展需要之间的关系，完全没有必要将自己园所的行动计划变为各种流行的教育口号的大杂烩。

二、内容繁多琐碎，缺乏重点

计划内容太注重细枝末节，缺少整体观照，重点不突出。计划要尽量简单明晰，这一点值得园长深思。幼儿园在制订工作计划时，一方面要注重幼儿园整体办园质量的提高，保证各方面达到国家规定的标准；另一方面也不能面面俱到，不清楚计划应该包括什么内容和哪些要求，眉毛胡子一把抓，而要依据政府的办

园质量指标体系和幼儿园的现有发展水平确定计划重点，集中突破，从而逐步带动办园质量的全面提高。

三、计划措施不具体，缺乏操作性

例如，在有的计划中，前面写到的任务，在具体措施及月工作安排中没有体现，这样便无法判断措施是否可行，也无法预知目标能否通过措施来实现。因此，幼儿园在制订工作计划时，必须要在逐月工作中做详细安排，明确什么人在什么时间采取什么样的形式完成哪几项内容，只有这样才能切实使任务达到逐层落实的目的。

第三节　制订幼儿园工作计划的基本原则

一、真实有效原则

计划是对自己的工作进行的一种规划，首先是给自己看的。在制订计划时，制订者必须把自己的思路厘清，对做什么、该怎么做等问题有基本的把握，在这个基础上，再把做什么、为什么做、打算怎样做写出来，追求真实、有用。计划其次是给别人看的，要让领导同事了解你的想法、做法，并予以督促检查或交流借鉴。因此，幼儿园在制订计划时，在文字上要做适当修饰，能让别人看懂、了解，并从中检测自身的想法、做法是否合适。

目前很多计划首先是给别人看的，因此，很多计划过多追求形式，计划种类繁多，如户外活动计划、活动室活动计划、游戏活动计划、亲子活动计划等，出现了很多交叉重复的现象，费时费力，又不实用。有的教师写好后，将计划放进抽屉，学期结束时拿出来装订存档。这样的计划，费时多，效果意义不大。也有个别的教师模仿抄袭，甚至干脆复制粘贴，明显应付，缺乏自己的思考，失去了制订计划的意义。

二、具体可操作原则

计划中的事，是幼儿园将要做的事。因此，幼儿园要考虑充分，把初步设想和做法写出来，这些必须具体可操作，使执行者在计划的指引下，有目的有步骤地实施计划。例如，针对"提高家长科学育儿的能力"，可以做以下计划：发放宣传资料，进行专题讲座，组织活动观摩，开展家长沙龙等。有了这样的计划，就可以有步骤地开展相关工作，因此是具体可操作的。而有的计划中出现"对全县幼儿家长开展调查，了解家教工作现状""整合社会各界力量，充分运用优质资源"，就很空洞，也难以实现。

三、和实际相对应原则

这里的实际有两层意思。一是要充分考虑幼儿、教师本身及幼儿园的实际，分析具体的需要、实际的能力、工作的重点等，做力所能及、有意义、有用的事。例如，针对如何进行绿色教育，如果它刚起步，可以进行了解动植物和生活的关系、教育幼儿爱护花草树木等教育；如果它已经到了一定阶段，则应从环境保护、培养生态意识与行为等方面进行教育。总之，应根据不同的实际，制订不同的计划。二是与实际结合，即写的要和做的对应起来，写是为了做，因此计划中的事一定要并且能够在实践中体现出来。如果人们难以做到这些事情或根本就不去做，这些事情就不宜出现在计划中。

第四节　制订幼儿园工作计划的途径和方法

一、贯彻落实计划的管理措施

（一）传达布置

要传达决策的主要目标，阐述目标确立的依据和实践意义；讲清工作重点及其目标要求，分析实现目标的主客观条件及重大举措；交代工作安排的步骤、方法和应掌握的有关问题等。

（二）落实责任

必须进一步让全体员工明确自己应承担的具体任务，把分工和完成任务的时间、数量、质量要求，落实到每个部门及每个人，建立岗位目标责任制，使之各司其职，各负其责，各尽其力。

（三）加强协调

园长必须深入实际，体察下情，环顾左右，掌握各种动态，立足全局做好协调工作。此项协调工作包括领导班子内部的协调、上下级之间的协调、各职能部门之间的协调、实际工作进程与原计划要求的协调等。

（四）深入检查指导

园长应指导员工工作。例如，对于不清楚工作方向者，给予及时指点；对缺乏工作经验与方法者，进行具体帮助；对有思想问题或心理障碍者，积极帮助排解；对有意见分歧者，给予正面引导；对于不负责任、造成错误者，及时进行中肯的批评教育；对于工作拖拉者，进行经常性的检查督促等。

二、督促检查

①督促检查要以目标为依据，以计划规定的要求为标准，有目的、有步骤地进行。

②督促检查要实事求是，避免形式主义和走过场；要明确督促检查的目的在于找出经验，发现问题，以便改进工作。

③督促检查既要注意工作结果，又要注意工作过程，将二者结合起来加以分析；否则，只知结果，不知原因，还可能被假象迷惑，做出错误分析和判断。

④检查必须与指导结合。检查不是目的，而是一种管理手段，目的在于指导促进工作，应该通过检查，制定出切实可行的措施，帮助被检查者改进工作，以实现工作目标。

⑤检查是管理者的职责，同时也是幼儿园每个成员的事，应动员全园教职工参与督促检查环节的管理活动。

三、总结提高

①总结要以工作目标、计划为依据，要明确总结的要求和做法，选准对象，并在平时做好材料的积累工作。

②总结要以检查为基础，要重视督促检查阶段的管理工作，以获取各种可靠的信息，否则总结没有意义。

③总结工作应自上而下进行，组织成员都应参与总结工作，要充分发挥总结的激励作用。

④总结应注重分析，探讨规律，并上升为理论。

第五节　制订幼儿园工作计划的步骤

一、收集各方面信息

（一）信息范围

信息包括多方面内容，如来自上级的、来自理论界的、来自社会和市场的、来自幼教发展方面的信息等。

（二）信息收集要求

幼儿园应有专人负责收集信息，并将收集到的信息及时反馈给园长，以供其制订计划时使用。

二、策划计划方案

发动全体员工的力量，群策群力，拿出几套不同的方案，分析、比较，然后将各方案中可取之处集中起来，形成最佳方案。

三、展开讨论，分清职责

计划出来后，还要回到员工中，让每个人了解自己在计划中承担的任务与职责，了解能否完成，有没有困难，需要哪些部门配合。展开讨论的目的有以下3个。

①明确计划中规定的任务，知道要解决的重点问题。

②修改完善计划，将不合理的地方进一步完善，使其成为全员基本认可的方案。

③将计划与自身挂钩，认识到自己在计划中的角色及应承担的责任。

四、确定计划方案

将大家提出的意见汇集到一起，经过反复推敲论证，最后由园务会决策，制订出计划。

五、检验计划

一份好的、行之有效的幼儿园工作计划应具备以下特征。

①方向正确、切实可行。计划的工作目标应是具体明确的，计划的措施不应是空洞的条文，而是切实可行的方法和步骤，并能付诸实施。

②全面完整、重点突出。制订幼儿园工作计划尤其要注意兼顾各方，全面完整。就内容而言，工作计划要与前期工作衔接，应是一种自然的延续和提高，有创造的成分。

③分工落实、保持弹性。幼儿园工作计划要具体明确、分工落实，同时也要保持弹性，即在制订计划时多估计几种可能性，多准备几套应急方案。

④要求明确、便于检查。制订计划时要有明确的规定，要定人、定质、定量、定时，便于检查。

第六节　幼儿园工作计划案例

一、幼儿园保教工作计划

案例 大方家回民幼儿园保教工作计划(2013年2月—2013年7月)

一、现状分析

随着园所规模的不断扩大，保教工作面临着新的机遇和挑战。上学期在全体教师的共同努力下，保教工作稳步推进，朝着良性方向发展，取得了显著的成绩。下面将取得的成绩和问题分析如下。

(一)成绩

①通过五大领域活动促进幼儿全面富有个性的发展，尤其在社会领域、语言领域、艺术领域活动中，幼儿发展较好。例如，通过多样的入园方案，帮助幼儿尽快适应幼儿园生活；大活动中，幼儿能主动向客人表达自己的想法；结合节日开展了诗朗诵、摄影展、成果展活动。

②继续坚持"阳光体育活动"的开展，改编民族体育游戏12个，创设民族体育游戏循环区，丰富了幼儿户外活动内容，增进了幼儿对民族体育游戏的了解。

③幼儿生活常规逐步细化，通过保健医细化保健常规进班指导方式，使幼儿一日生活常规更加规范。

④注重课题研究与日常保教工作计划有机结合，实现了"让课题研究促进日常保教水平的提升"和"日常保教就是研究现场"的目标。

⑤通过开办周末幼儿园、入户指导、网络平台等保证了本地区40名适龄未入园幼儿的教育，得到家长的一致认可。

⑥开展基本技能技巧交流展示活动，显示了教师技能技巧基本功方面的浓厚底蕴，并历练了青年教师的综合素养。开展《3—6岁儿童学习与发展指南》的理论学习，让教师在与《幼儿园教育指导纲要(试行)》进行对比中体会新理念，结合各年龄班进行目标梳理，为本学期工作提供有效指导。

（二）问题

①不同层次教师的专业发展水平亟待提高。骨干教师的研究及组织精品教育活动的能力、成熟教师创新教育教学方法的能力、新职教师根据幼儿发展设计实施集体教育教学的能力有待加强。

②教师对幼儿的观察分析、对幼儿发展目标的把握还不准，活动目标的制定过于宽泛，活动的落脚点不明确。

二、指导思想

认真学习《幼儿园教育指导纲要（试行）》《3—6岁儿童学习与发展指南》精神，领会区实施精品特色战略精神，以市级示范幼儿园评价为契机，以园本教研为手段，以提高教育质量为核心，继续打造教师队伍，使园所保教工作朝着高质量、有特色内涵式方向发展，为申报市级示范园保驾护航。

三、本学期工作

（一）以幼儿发展测评为手段，增强教育教学工作的科学合理化

①根据全园幼儿发展测评抽测结果，把握幼儿发展情况，分析幼儿发展中出现的问题，明确保教工作的重点，以达到发展目标、过程及结果最优化，全面提高幼儿园的教育质量。

②继续丰富、完善各班幼儿成长档案夹，纵向了解幼儿的成长发展特点，建立幼儿发展档案，制订教育指导计划，由此形成评价—指导—发展的循环互动模式，对幼儿成长进行全方位的质量管理。

③针对幼儿发展测评中民族教育出现的弱势，通过日常园本民族课题的研究、全园"民族艺术游戏"活动、"民族艺术周"的开展，提升幼儿对民族文化的认知与了解，加快园所特色的形成。

（二）理论与实践相结合，提升教师专业能力

1. 加强学习，以实践促进教师成长，实现教师由观念到行为的转变

①深入学习《3—6岁儿童学习与发展指南》，把握其与《幼儿园教育指导纲要（试行）》的区别，进行日常的教育实践工作；利用园本培训，有重点地对教师进行《3—6岁儿童学习与发展指南》的解读与培训工作；调整教师日常教育工作的标准，推动教师以各年龄段的幼儿发展标准为实践依据，不断提升各自的工作质量，促进幼儿发展。

②针对幼儿园市级示范园验收工作标准，利用隔周业务学习实践进行专题培训，梳理一日生活中的优势与不足。

③针对民族艺术教育、教师语言艺术、新职教师行为观念等每月进行一次集中培训，打造具有民族特色的教师，增强教师的民族艺术教育水平。

2. 加强师德建设，提高教师队伍整体素养和专业化水平

①通过本学期的专家培训，利用学校小组活动学习优秀教师事迹等形式不断规范教师的职业行为，加强教师的师德教育，提高教师的思想文化修养，使教师逐渐形成爱岗敬业、乐于奉献的职业观，树立正确的儿童观和教育观，并写出体会进行交流和学习。

②正式出台《大方家回民幼儿园新职教师手册》（以下简称《新职教师手册》），由班长带领教师分别从日常保教、卫生保健、安全工作开展相关学习，并通过新教师漫谈沙龙、老教师答疑解惑、评选"我身边的榜样"等交流活动了解新教师工作中的困惑，帮助其尽快适应幼儿园各项工作，加强教师的师爱教育，提升师德修养，有效促进教师形成良好的职业道德和修养，树立正确的教育观、职业观。

3. 实施分层培养机制，加强教师队伍建设

通过对各层次教师进行打造，实现教师整体水平的不断提高，促进教师专业技能的持续提升，继续以"优先打造骨干教师""狠抓日常工作，提高成熟教师""夯实基础，培养新职教师"的分层培养方式，并通过确立目标、定期监控、阶段考评的方式予以落实，为力争推出特色教师梯队打造模式。

（1）区级骨干教师的培养

培养目标：为区级骨干教师提供各种园内展示和园外学习机会，提高他们的综合素质，重点使他们积极钻研业务，带头将《3—6岁儿童学习与发展指南》中的新理念运用到日常工作中，发挥示范作用。

相关人员：宋老师等4名教师。

培养途径：

①本学期重点对骨干教师进行打造，支持区级骨干教师参加"名师工作室"活动，推荐他们参加市区的交流和学习研讨活动，发挥骨干教师的带头作用和示范辐射作用，使其尽快成长成为学科带头人；继续落实"621"人才建设工程，积极支持骨干教师参与区里的各项观摩学习、交流研讨活动，在反复的观摩和备课中，展示骨干教师的精品特色；

②继续以师带徒的方式开展自我学习，提高分析、反思、指导能力。师傅每月看徒弟活动，认真帮助徒弟分析目标的适宜性和教学活动的情况，提高徒弟组织教学活动的能力，提升自己的专业指导水平；

③不断丰富教师成长档案，凸显骨干教师的业绩增量。

（2）园级骨干教师的培养

培养目标：发挥园级骨干教师的引领和带动作用，在管理和日常保教工作中提高其策划、组织能力，使其成为幼儿园教师学习的榜样。

相关人员：李老师等3名教师。

培养途径：围绕教研室组织开展的系列专题教研小组（建筑、角色、美工）研究进程，鼓励教师主动承担研讨、观摩工作，提升教师的有效评价区域游戏的能力，并定期组织园所教师分享进修经验。

（3）成熟教师的培养

培养目标：重点接受《3—6岁儿童学习与发展指南》提出的教育新理念并转变落实到实践工作中，能梳理自己的教育经验并将其介绍给青年教师，协助他们完成日常工作。

相关人员：何老师等6名教师。

培养途径：

①通过半日活动观摩、评优课，不断提升成熟教师策划、设计与组织教育活动的能力；

②开展"师带徒成果展示交流"活动，总结师带徒经验，促进师徒共同成长；

③继续推进"研究合作组"活动，结合自己所带班级幼儿的年龄发展特点，与年轻教师共同进行主题环境创设。

（4）新职教师的培养

培养目标：开展岗位练兵展示活动，不断挖掘自身优势，在观摩活动中不断提高观察分析能力，积累特色教学经验，提高自身专业教育能力。

培养途径：

①开展隔周展示活动，提高教师的专业技能，积极参加区"十二五"继教教育活动，保证学习有积累，学后有提高；

②通过老教师一带一贴身指导、全国系统培训等方式促进新职教师的专业化成长；

③定期学习新职教师手册，使新职教师掌握日常保教、卫生保健、安全相关知识，提升带班能力；

④利用园本培训，重点学习"北京市半日评优优秀案例"的录像和带班详录，同时通过青年教师半日考核进行锻炼，夯实青年教师的带班基本功。

（三）立足日常保教管理，追求保教工作规范化、精细化

1. 加强日常工作管理，多种方式了解教师需求，不断调整评价指标，引导教师向日常要质量

①每个业务干部负责两个班级的日常保教工作，了解班级工作进展情况，提出合理化建议，保证反馈指导及时有效；开展交流互动活动，了解班级工作的问题，调整工作措施，完善各班级工作。

②以解决日常问题为基础，加强不同层级教师的学习锻炼，使其充分利用班会时间，在相互交流中不断完善工作内容。

③根据《3—6岁儿童学习与发展指南》，进一步完善考核评价内容，引导教师开展日常的教育实践，提高工作实效性。

④学期初修订并完善园级骨干教师评价制度、教师绩效工作考核评价标准、园本培训制度、教科研制度和新职教师培养制度，以此使保教管理更加规范、有章可循。

2. 实施目标化管理，完善评价标准，促进保教规范化管理

①针对一园三址的发展现状，实施分合管理模式。根据各园的具体情况，进一步细化日常保教工作管理要求，做到统一部署，分层管理。中大班部以大活动促日常保教的开展；小班部以游戏带一日生活各项活动；分园以服务幼儿和家长的理念促日常保教工作。

②针对本学期保健归保教部门负责的现状，结合园所实际情况，实施"保健责任田"的模式，细化对保健医的评价标准，提升对保健工作的指导。

③根据幼儿发展现状和教师现状，本学期完成修订幼儿器械操和集体舞评价标准的工作。

案例点评

优点：在分析本园各项保教工作现状的基础上，切实制订该计划，依据工作中存在的问题，科学制定工作任务，并针对不同类型教师确定培养计划及实施途径，使计划具有较强的可信度，容易落实。

建议：建议进一步细化教师队伍培养计划，列出月计划和具体内容，突出工作重点，避免计划实施过程中出现落空的现象。

二、幼儿园教研工作计划

案例 北京市海淀区恩济里幼儿园教研工作计划

一、上学期工作回顾

（一）主要成绩

上学期，我们的园本教研工作以《幼儿园教育指导纲要（试行）》《3—6岁儿童学习与发展指南》精神为指导，以推广幼儿园美术课程模式为载体，通过样板示范—集体解读—个体实践—集体观摩点评—集体与个体总结的方式，引导全体教师在美术教育策略已有研究的基础上，将研究点聚焦在美术课堂教学上，通过研训结合，推动幼儿园园本特色课程的深度发展，促进教师美术教学能力的提高，从而激发幼儿对美术活动的兴趣，培养幼儿对美的事物欣赏与感受的能力以及大胆自信地创作与表达的能力。

①采取园班相结合的研究方式，做到园级研究抓课程教学方法，班级研究抓幼儿实践。各班依据幼儿的年龄特点和学习需要，分别开展了小班色彩游戏，中大班色彩画、水墨画、废旧材料创意画等美术活动，丰富了幼儿的美术体验和感受，促进了幼儿的自主意识和自信心的发展。

②结合园本特色课程研究教育策略，让教师发现新的教育经验，如运用多媒体导入、故事导入等形式，有效激发幼儿创作的愿望。

③初步形成研究成果，如编辑《童心童画——幼儿美术作品集》，教师梳理总结《幼儿园美术活动策略集》等。

（二）存在的不足

我们已经走过了一段历程，取得了初步成效，但在实践中，仍有一些问题有待我们深入实践。例如，在幼儿创作过程中，教师因人施教的策略、评价方式的多样化以及怎样合理安排各年龄教学内容等问题，都需要我们继续思考和探索。

二、本学期教研工作的指导思想

以《幼儿园教育指导纲要（试行）》《3—6岁儿童学习与发展指南》精神为指导，深入探究幼儿园美术教育特色，继续开展幼儿园美术教育特色研究，继续开展幼儿园美术教育过程指导策略研究，进一步总结提升我园的美术教育理念、策略方法以及教育内容，为幼儿感受美、创造美提供有效的支持和指导，让幼儿在活动中大胆自信地创作与表达。

三、本学期研究的问题

本学期研究的重点：以美术教学活动为载体，重点解决如何依据幼儿的年龄特点和美术学习规律，明确美术活动的内容。

四、研究过程

（一）学习与研讨

①结合美术教学观摩活动，学习文章《评价美术活动有哪些标准》；

②结合内容与目标，学习文章《美术活动中难度和深度问题把握》；

③结合教学方法问题，学习文章《幼儿园美术教学方法初探》；

④充分利用本园教师资源，分享骨干教师的美术教学经验。

（二）研究重点与实践

1. 研究重点

①通过美术观摩活动，指导教师运用好集体教学模式；

②通过教师个人，寻找有效指导策略；

③调整与完善美术课程内容。

2. 实践

①以行动研究为主，集体与个体相结合，学习与实践相结合。

②通过材料去指导：研究如何通过材料，激发幼儿美术创作的兴趣。

③通过教师的言行去指导：在每次美术活动中观摩幼儿，针对幼儿的行为表现进行有效的指导，通过有效的手段激发幼儿在美术活动中大胆想象，大胆表现。

④通过欣赏幼儿的美术作品，鼓励幼儿的创作兴趣；

⑤一课三研，通过案例分析更新教师的观念与能力；通过教学观摩、研讨，促进教师个体反思，同伴互助，引领教师提升美术教学观摩能力（本学期预计进行两次美术观摩活动）。

（三）总结与提升

①结合研究实践，教师完成专题研究论文；

②汇编美术活动案例；

③完成书稿《园本美术教育课程》的编写工作。

五、教研活动安排

8月：听取教师意见，形成教研工作计划，搜集理论学习资料。

9月：布置教研计划，学习《幼儿园美术教学方法初探》。

10月：分享我园教师的优秀美术教育论文《小班绘画教学内容的制定》；组织第一次美术教育实验课观摩研讨（围绕9—10月的内容，从目标、指导、评价策略等方面进行研讨）。

11月：组织教师结合经验分享和个人实践，研讨、梳理、提升美术教学的指导评价策略；在第一次观摩的基础上，重新梳理各年龄班的教学内容。

12月：组织第二次美术教育实验课观摩研究（围绕11—12月的内容，对指导、评价活动的方式等进行研讨）；学习《美术活动中难度和深度问题把握》；结合"十二五"市级课题，引导教师围绕新年活动，开展民间美术主题活动（年画展等）。

下一年1月：整理本学期的教师美术活动案例；教师撰写专题论文。

案例点评

优点：

①这份计划能结合幼儿园的发展特色和实际制订出切实可行的实施方案，力争创设出一种轻松活泼、民主和谐的研究氛围，提升教师学习的主动性；

②计划实施过程重视教师个体经验的分享及对关键经验的不断提炼，以教师的发展需求为教研出发点，将研究的需要融入教师的需求当中，促使研究始终追随教师需求，激发教师的内驱力，使教师真正成为研究的主人。

建议：

①教研工作中出现的问题和存在的不足过于宽泛，还应进一步挖掘，找出亟待解决的主要问题，这样才有利于确定本学期的工作重点，提出解决措施及活动方案，做到有的放矢，对症下药；

②因为工作计划是对即将开展的工作的设想和安排，而不是一项具体的研究任务，因此在表述方式上建议将第四部分的"研究过程"改为"主要工作及措施"，更符合制订计划的书写规范。

附录　幼儿教育相关政策、法律法规简介

管理类

《中华人民共和国教育法》

《中华人民共和国教育法》(以下简称《教育法》)历经 1995 年 3 月 18 日第八届全国人民代表大会第三次会议通过,2009 年 8 月 27 日第十一届全国人民代表大会常务委员会第十次会议《关于修改部分法律的决定》第一次修正,2015 年 12 月 27 日第十二届全国人民代表大会常务委员会第十八次会议《关于修改〈中华人民共和国教育法〉的决定》第二次修正,自 2016 年 6 月 1 日起施行。

《教育法》由全国人民代表大会制定,作为《宪法》之下的一部基本法律,是我国教育法体系的第一个层次。它是以《宪法》为依据制定的基本法律,主要规定我国教育的基本性质、地位、任务、基本法律原则和基本教育制度等。《教育法》是我国全部教育法规的母法,是协调教育部门内部以及教育部门与其他社会部门相互关系的基本准则,也是制定教育领域不同部门的单行法律及行政法规、规章的依据,是教育领域的基本法律。

《教育法》确立了我国教育的基本法律原则和法律制度。1995 年以后,以《教育法》为依据,我国又制定了《中华人民共和国职业教育法》《中华人民共和国高等教育法》《中华人民共和国民办教育促进法》《中华人民共和国教育督导条例》等一批教育法律法规,同时,还建立和完善了教育执法监督制度,加强了教育执法工作。可以说,《教育法》的颁布和施行,是我国全面走上依法治教轨道的重要标志。

《幼儿园管理条例》

《幼儿园管理条例》是为了加强幼儿园的管理,促进幼儿教育事业的发展而制

定的法规。1989 年 8 月 20 日，《幼儿园管理条例》经国务院批准，1989 年 9 月 11 日中华人民共和国国家教育委员会令第 4 号发布，自 1990 年 2 月 1 日起施行。

《幼儿园工作规程》

《幼儿园工作规程》是为了加强幼儿园的科学管理，规范办园行为，提高保育和教育质量，促进幼儿身心健康，依据《教育法》等法律法规制定的，经 2015 年 12 月 14 日第 48 次教育部部长办公会议审议通过。1996 年 3 月 9 日由国家教育委员会令第 25 号发布的《幼儿园工作规程》同时废止。

《幼儿园工作规程》是我国第一部规范幼儿园内部管理的规章，也是基础教育领域比较早的一部管理规章，下发 20 年来对加强各级各类幼儿园的规范管理发挥了重要作用。随着经济社会的发展，学前教育改革发展的大环境发生了巨大变化，特别是《国家中长期教育改革和发展规划纲要（2010—2020 年）》颁布后，学前教育事业规模不断扩大，普及程度大幅提高。在推进学前教育基本普及的新形势下，修订《幼儿园工作规程》具有重要的现实意义。

《国家中长期教育改革和发展规划纲要（2010—2020 年）》（学前部分）

第三章　学前教育

（五）基本普及学前教育。学前教育对幼儿身心健康、习惯养成、智力发展具有重要意义。遵循幼儿身心发展规律，坚持科学保教方法，保障幼儿快乐健康成长。积极发展学前教育，到 2020 年，普及学前一年教育，基本普及学前两年教育，有条件的地区普及学前三年教育。重视 0 至 3 岁婴幼儿教育。

（六）明确政府职责。把发展学前教育纳入城镇、社会主义新农村建设规划。建立政府主导、社会参与、公办民办并举的办园体制。大力发展公办幼儿园，积极扶持民办幼儿园。加大政府投入，完善成本合理分担机制，对家庭经济困难幼儿入园给予补助。加强学前教育管理，规范办园行为。制定学前教育办园标准，建立幼儿园准入制度。完善幼儿园收费管理办法。严格执行幼儿教师资格标准，切实加强幼儿教师培养培训，提高幼儿教师队伍整体素质，依法落实幼儿教师地位和待遇。教育行政部门加强对学前教育的宏观指导和管理，相关部门履行各自职责，充分调动各方面力量发展学前教育。

（七）重点发展农村学前教育。努力提高农村学前教育普及程度。着力保证留守儿童入园。采取多种形式扩大农村学前教育资源，改扩建、新建幼儿园，充分利用中小学布局调整富余的校舍和教师举办幼儿园（班）。发挥乡镇中心幼儿园对村幼儿园的示范指导作用。支持贫困地区发展学前教育。

第二十一章　重大项目和改革试点

推进农村学前教育。支持办好现有的乡镇和村幼儿园；重点支持中西部贫困地区充分利用中小学富余校舍和社会资源，改扩建或新建乡镇和村幼儿园；对农村幼儿园园长和骨干教师进行培训。

《国务院关于当前发展学前教育的若干意见》

2010年11月21日，为了贯彻落实党的十七届五中全会、全国教育工作会议精神和《国家中长期教育改革和发展规划纲要（2010—2020年）》，积极发展学前教育，着力解决当前存在的"入园难"问题，满足适龄儿童入园需求，促进学前教育事业科学发展，国务院以国发〔2010〕41号印发《国务院关于当前发展学前教育的若干意见》，提出了加快推进学前教育发展的十条政策措施。它既立足当前，着力破解"入园难"，又着眼长远，力图破除体制机制障碍，促进学前教育科学发展以及和各级各类教育的协调发展。

这是近30年来我国关于学前教育发展的较高级别的政策性文件，充分体现了新时期新阶段党和国家对推动学前教育改革和发展的高度重视，必将对我国学前教育的发展产生重大而深远的影响。

《学前教育督导评估暂行办法》

为贯彻落实《国家中长期教育改革和发展规划纲要（2010－2020年）》和《国务院关于当前发展学前教育的若干意见》（国发〔2010〕41号）精神，教育部研究制定了《学前教育督导评估暂行办法》（以下简称《暂行办法》）。《暂行办法》从督导评估原则、督导评估内容与形式、表彰与问责等方面做了规定，为促进地方人民政府及相关部门切实履行发展学前教育的职责，全面实施学前教育三年行动计划起到积极作用。

《民办学校分类登记实施细则》

2016年11月7日，全国人民代表大会常务委员会通过了《全国人民代表大会常务委员会关于修改〈中华人民共和国民办教育促进法〉的决定》，规定对民办学校实行非营利性和营利性分类管理，并以国家主席习近平签署的中华人民共和国主席令第五十五号予以公布。《国务院关于鼓励社会力量兴办教育促进民办教育健康发展的若干意见》（国发〔2016〕81号，以下简称《若干意见》），全面部署了民办教育改革发展的各项政策措施。为深入贯彻落实党中央、国务院的决策部署，稳妥推进民办学校分类管理改革，特研究制定《民办学校分类登记实施细则》。

《营利性民办学校监督管理实施细则》

2016 年 11 月 7 日，全国人民代表大会常务委员会通过了《全国人民代表大会常务委员会关于修改〈中华人民共和国民办教育促进法〉的决定》，规定对民办学校实行非营利性和营利性分类管理，并以国家主席习近平签署的中华人民共和国主席令第五十五号予以公布。《国务院关于鼓励社会力量兴办教育促进民办教育健康发展的若干意见》（国发〔2016〕81 号，以下简称《若干意见》），全面部署了民办教育改革发展的各项政策措施。为深入贯彻落实党中央、国务院的决策部署，确保分类管理改革的有序推进，特研究制定《营利性民办学校监督管理实施细则》，现予印发。

民办学校分类管理是党中央、国务院确定的重大改革方向，是贯彻落实《民办教育促进法》修法精神的重要举措，是深化教育领域综合改革的重要内容。请各地务必高度重视，紧密结合《民办教育促进法》和《若干意见》的贯彻落实，科学稳妥地做好营利性民办学校监督管理各项工作，明确任务，细化要求，落实责任，确保党中央、国务院决策部署的切实落地和教育系统的和谐稳定。

《国家教育事业发展"十三五"规划》（学前部分）

一、以新理念引领教育现代化

（一）发展环境

学前三年毛入园率提前实现《国家中长期教育改革和发展规划纲要（2010—2020 年）》2020 年目标。

三、改革创新驱动教育发展

落实《幼儿园教育指导纲要（试行）》《3－6 岁儿童学习与发展指南》，坚持以游戏为基本活动，培养幼儿健康体魄、良好生活与行为习惯，促进幼儿身心和谐发展。

七、全面提升教育发展共享水平

（三）加快发展学前教育

继续扩大普惠性学前教育资源，基本解决"入园难"问题。以区县为单位实施学前教育行动计划及后续行动。支持企事业单位和集体办园，扩大公办学前教育资源。完善普惠性民办幼儿园扶持政策，鼓励地方通过政府购买服务、补贴租金、培训教师等方式，加快民办普惠性幼儿园发展。发展 0—3 岁婴幼儿早期教育，探索建立以幼儿园和妇幼保健机构为依托，面向社区、指导家长的公益性婴幼儿早期教育服务模式。

提高幼儿园保育教育质量。健全学前教育管理体制，强化省级政府的统筹责任，落实县级政府发展学前教育和幼儿园监管的主体责任。加大对贫困地区、民族地区学前教育薄弱环节的扶持力度。建立学前教育质量评估监管体系，落实《幼儿园工作规程》，加强对各类幼儿园准入、安全、师资、收费、卫生保健及质量等方面的日常指导和监管，落实信息公示制度，强化社会监督。着力提升学前教育教师、保育员素质。

保育教育类

《幼儿园教育指导纲要（试行）》

《幼儿园教育指导纲要（试行）》由教育部于 2001 年 7 月颁发，于 2001 年 9 月起试行，目的是贯彻《教育法》《幼儿园管理条例》和《幼儿园工作规程》，指导幼儿园深入实施素质教育。它是指导广大幼儿教师将《幼儿园工作规程》的教育思想和观念转化为教育行为的指导性文件，对推动我国幼儿教育尤其是幼儿园课程的改革和发展起到了积极的作用，并将进一步引领我国的幼儿教育不断发展内涵、提升质量。它成为建设适宜课程的依据，成为幼儿园有效开展活动的指南。

《关于规范幼儿园保育教育工作防止和纠正"小学化"现象的通知》

为进一步贯彻落实《国务院关于当前发展学前教育的若干意见》（国发〔2010〕41 号）和《幼儿园教育指导纲要（试行）》，规范办园行为，防止和纠正"小学化"现象，保障幼儿健康快乐成长，教育部于 2011 年 12 月 28 日以教基二〔2011〕8 号印发《关于规范幼儿园保育教育工作防止和纠正"小学化"现象的通知》，以便积极推进幼儿园教育改革，努力更新教育观念，促进幼儿园保育教育质量的不断提高。具体内容包括五方面：一、遵循幼儿身心发展规律，纠正"小学化"教育内容和方式；二、创设适宜幼儿发展的良好条件，整治"小学化"教育环境；三、严格执行义务教育招生政策，严禁一切形式的小学入学考试；四、加强业务指导和动态监管，建立长效机制；五、加大社会宣传，营造良好社会氛围。

《3—6 岁儿童学习与发展指南》

为深入贯彻《国家中长期教育改革和发展规划纲要（2010—2020 年）》，落实《国务院关于当前发展学前教育的若干意见》（国发〔2010〕41 号），帮助广大幼儿园教师和家长了解 3—6 岁幼儿学习与发展的基本规律和特点，全面提高科学保教水平，由教育部组织专家研究制定了《3－6 岁儿童学习与发展指南》(以下简称《指南》)，广泛征求了各方的意见，经教育部学前教育专家指导委员会审议通过后，由教育部于 2012 年 10 月印发。

《指南》在学前教育跨越式发展的历史新阶段研究制定，是贯彻落实《国家中长期教育改革和发展规划纲要(2010—2020 年)》和《国务院关于当前发展学前教育的若干意见》的重要举措。《指南》的印发对于有效转变公众的教育观念，提高广大幼儿园教师的专业素质和家长的科学育儿能力，防止和克服"小学化"倾向，全面提高学前教育质量具有重要意义。

《指南》的研制工作主要经历文献研究、效度检验、三次集中征求意见、学前教育专家指导委员会审议四个阶段。《指南》从五个领域描述幼儿的学习与发展，分别是健康、语言、社会、科学、艺术。每个领域按照幼儿学习与发展最基本、最重要的内容划分为若干方面。每个方面分为两个部分。一是学习与发展目标，二是教育建议，为广大家长和幼儿园教师提供了具体、可操作的指导。

《指南》既适用于幼儿园教师，也适用于广大家长，操作性和实用性都很强，着重强调了以下几个方面的教育理念：①幼儿是积极主动的学习者；②珍惜童年生活的独特价值；③尊重幼儿的学习方式和学习特点，要最大限度地满足和支持幼儿通过直接感知、实际操作和亲身体验获取经验的需要；④尊重幼儿发展的个体差异；⑤重视家园共育。总之，《指南》对幼儿的学习与发展提出了非常具体的目标和教育建议。

卫生保健类

《托儿所幼儿园卫生保健管理办法》

《托儿所幼儿园卫生保健管理办法》已于 2010 年 3 月 1 日经卫生部部务会议审议通过，并经教育部同意，自 2010 年 11 月 1 日起施行。为提高托儿所、幼儿园卫生保健工作水平，预防和减少疾病发生，保障儿童身心健康，卫生部、教育部发布《托儿所幼儿园卫生保健管理办法》(以下简称《管理办法》)。

《管理办法》适用于招收 0～6 岁儿童的各级各类托儿所、幼儿园。与 1994 年12 月由卫生部、国家教委联合发布的《托儿所幼儿园卫生保健管理办法》相比，新版办法明确托幼机构应当贯彻保教结合、预防为主的方针，认真做好卫生保健工作。县级以上各级人民政府卫生行政部门应当将托幼机构的卫生保健工作作为公共卫生服务的重要内容，加强监督和指导。县级以上各级人民政府教育行政部门协助卫生行政部门检查指导托幼机构的卫生保健工作。新版办法还配发了儿童入园（所）健康检查表、儿童转园（所）健康证明、托幼机构工作人员健康检查表、托幼机构工作人员健康合格证。

《托儿所幼儿园卫生保健工作规范》

为贯彻落实《托儿所幼儿园卫生保健管理办法》（卫生部教育部令第 76 号），加强托儿所、幼儿园卫生保健工作，切实提高托幼机构卫生保健工作质量，2012年 5 月 9 日，卫生部以卫妇社发〔2012〕35 号印发《托儿所幼儿园卫生保健工作规范》（简称《工作规范》）。该《工作规范》分卫生保健工作职责、卫生保健工作内容与要求、新设立托幼机构招生前卫生评价、附件四部分。

教师发展类

《全国幼儿园园长任职资格、职责和岗位要求（试行）》

《全国幼儿园园长任职资格、职责和岗位要求（试行）》是根据我国幼儿教育对幼儿园园长素质提出的要求、兼顾园长队伍现状而制定的，由国家教委于 1996年 1 月 26 日颁发，是选拔、任用、考核和培训幼儿园园长的基本依据，也为组织园长岗位培训和日常的政治业务学习及工作锻炼提出了基本要求。

《幼儿园教师专业标准（试行）》

为贯彻党的十七届六中全会精神，落实《国家中长期教育改革和发展规划纲要（2010—2020 年）》，构建教师专业标准体系，建设高素质专业化教师队伍，教育部研究制定了根据《中华人民共和国教师法》于 2012 年出台的《幼儿园教师专业标准（试行）》。它的基本理念是师德为先、幼儿为本、引领发展、能力为重和终身学习。基本内容构架包含了专业理念与师德、专业知识和专业能力 3 个维度，共 14 个领域 62 项基本要求。国家对合格幼儿园教师专业素质的基本要求，是幼儿园教师开展保教活动的基本规范，是引领幼儿园教师专业发展的基本准则，是幼儿园教师培养、准入、培训、考核等工作的重要依据。

《幼儿园园长专业标准》

为贯彻党的十八届三中、四中全会精神，落实《国家中长期教育改革和发展规划纲要（2010—2020 年）》和《国务院关于加强教师队伍建设的意见》（国发〔2012〕41 号），构建教师队伍建设标准体系，建设高素质幼儿园园长队伍，教育部研究制定了《幼儿园园长专业标准》，于 2015 年 1 月颁发。

《幼儿园园长专业标准》指出："园长是履行幼儿园领导与管理工作职责的专业人员。"《幼儿园园长专业标准》是对幼儿园合格园长专业素质的基本要求，是引领幼儿园园长专业发展的基本准则，是制定幼儿园园长任职资格标准、培训课程标准、考核评价标准的重要依据。

《幼儿园园长专业标准》坚持以德为先、幼儿为本、引领发展、能力为重、终身学习五大基本理念，从规划幼儿园发展、营造育人文化、领导保育教育、引领教师成长、优化内部管理、调适外部环境几方面阐述了园长专业职责，基于专业理解与认识、专业知识与方法、专业能力与行为三方面对园长提出 60 项专业要求。

实施要求指出，《幼儿园园长专业标准》适用于国家和社会力量举办的幼儿园正、副职园长；各级教育行政部门要将《幼儿园园长专业标准》作为幼儿园园长队伍建设和管理的重要依据，为促进学前教育发展提供制度保障；幼儿园园长培训机构要将《幼儿园园长专业标准》作为园长培训的主要依据；同时幼儿园园长要将《幼儿园园长专业标准》作为自身专业发展的基本准则。

劳动人事类

《中华人民共和国劳动法》

《中华人民共和国劳动法》（以下简称《劳动法》）是为保护劳动者的合法权益，调整劳动关系，建立和维护适应社会主义市场经济的劳动制度，促进经济发展和社会进步，根据《宪法》而制定的。

《劳动法》经 1994 年 7 月 5 日第八届全国人民代表大会常务委员会第八次会议通过，1994 年 7 月 5 日中华人民共和国主席令第二十八号公布，自 1995 年 1 月 1 日起施行。2009 年 8 月 27 日第十一届全国人民代表大会常务委员会第十次会议通过《全国人民代表大会常务委员会关于修改部分法律的决定》，将《劳动法》进行了修改。

《劳动法》共计 13 章，针对劳动合同和集体合同、工作时间和休息休假、工资、女职工和未成年工特殊保护、社会保险和福利、劳动争议、法律责任等内容做出明确规定，有利于保护在幼儿园工作的教职工的合法权益，调整劳动关系。

《学校教职工代表大会规定》

《学校教职工代表大会规定》（以下简称《规定》）经 2011 年 11 月 9 日中华人民共和国教育部第 34 次部长办公会议审议通过，并经中华全国总工会同意，由 2011 年 12 月 8 日中华人民共和国教育部令第 32 号发布。

《规定》是我国教职工代表大会制度建设的纲领性文本，是一次重要的制度创新。《规定》是为依法保障教职工参与学校民主管理和监督，完善现代学校制度，促进学校依法治校，依据《教育法》《教师法》《工会法》等法律制定的。《规定》分总则、职权、教职工代表大会代表、组织规则、工作机构、附则共 6 章 30 条。它适用于中国境内公办的幼儿园和各级各类学校（以下统称学校），同时民办学校、中外合作办学机构参照本规定执行。

《女职工劳动保护特别规定》

《女职工劳动保护特别规定》，是为了减少和解决女职工在劳动中因生理特点面临的特殊困难，保护女职工的健康而制定的，于 2012 年 4 月 18 日经国务院第 200 次常务会议通过，自公布之日起施行。

这是我国广大女职工政治生活中的一件大事，充分体现了党和政府对民生的高度重视和对广大女职工的极大关怀。《女职工劳动保护特别规定》坚持民生为重、以人为本的服务理念，着力加强女工劳动保护。用人单位作为责任主体的法律义务得到强化。女职工劳动保护更加全面、公平，保护水平得到提升。政府相关部门对用人单位监督检查及处罚的责任得到明确。作为女职工占绝大多数的幼儿园，《女职工劳动保护特别规定》的颁发必然对保护女职工发挥积极作用。

《中华人民共和国劳动合同法》

为了完善劳动合同制度，明确劳动合同双方当事人的权利和义务，保护劳动者的合法权益，构建和发展和谐稳定的劳动关系，制定本法。全国人民代表大会常务委员会《关于修改〈中华人民共和国劳动合同法〉的决定》于 2012 年 12 月 28 日第十一届全国人民代表大会常务委员会第三十次会议通过，以中华人民共和国主席令第七十三号公布，自 2013 年 7 月 1 日起施行。

《中华人民共和国劳动合同法》的颁布实施，是我国劳动法治过程中的一项基础工程。这一法律的实施，极大地促进了中国劳动合同制度的完善，并为今后劳动法律体系的建构提供了基础。

后勤管理类

《幼儿园收费管理暂行办法》

为促进学前教育事业科学发展，规范幼儿园收费行为，保障受教育者和幼儿园的合法权益，国家发展改革委、教育部、财政部联合印发了《幼儿园收费管理暂行办法》(发改价格〔2011〕3207 号，以下简称《暂行办法》)。《暂行办法》规定幼儿园收费统一为保育教育费、住宿费，幼儿园为在园幼儿教育、生活提供方便而代收代管的费用，应遵循"家长自愿，据实收取，及时结算，定期公布"的原则，不得与保育教育费一并统一收取。严禁幼儿园以任何名义向入园幼儿家长收取赞助费、捐资助学费、建校费、教育成本补偿费等与入园挂钩的费用，严禁以开办实验班、特色班、兴趣班、课后培训班和亲子班等特色教育为名向家长另行收取费用。

《暂行办法》要求，幼儿园应通过设立公示栏、公示牌、公示墙等形式，向社会公示收费项目、收费标准等相关内容；招生简章应写明幼儿园性质、办园条件、收费项目和收费标准等内容。各地要加强对幼儿园收费的管理和监督检查，对违反收费政策的行为，要依法严肃查处。

《托儿所、幼儿园建筑设计规范》

2016 年 11 月 1 日起，国家住房和城乡建设部颁布的《托儿所、幼儿园建筑设计规范》(以下简称新《规范》)开始实施。新《规范》的主要目的在于保证托儿所、幼儿园建筑设计质量，使建筑设计满足适用、安全、卫生、经济、美观等方面的基本要求。新《规范》适用于新建、扩建、改建托儿所和幼儿园的建筑设计。新《规范》的实施将推动幼儿园建筑规范化、标准化建设。

公共关系类

《中华人民共和国民事诉讼法》

《中华人民共和国民事诉讼法》以《宪法》为根据，结合我国民事审判工作的经验和实际情况制定，1991 年 4 月 9 日第七届全国人民代表大会第四次会议通过，根据 2007 年 10 月 28 日第十届全国人民代表大会常务委员会第三十次会议《关于修改〈中华人民共和国民事诉讼法〉的决定》第一次修正，根据 2012 年 8 月 31 日第十一届全国人民代表大会常务委员会第二十八次会议《关于修改〈中华人民共和国民事诉讼法〉的决定》第二次修正。

《中华人民共和国民事诉讼法》的任务是保护当事人行使诉讼权利，保证人民法院查明事实，分清是非，正确适用法律，及时审理民事案件，确认民事权利义务关系，制裁民事违法行为，保护当事人的合法权益，教育公民自觉遵守法律，维护社会秩序、经济秩序，保障社会主义建设事业顺利进行。

《关于建立中小学幼儿园家长委员会的指导意见》

为贯彻落实《国家中长期教育改革和发展规划纲要（2010—2020 年）》，推进现代学校制度建设，完善中小学幼儿园管理制度，2012 年 2 月 17 日，教育部以教基一〔2012〕2 号印发《关于建立中小学幼儿园家长委员会的指导意见》（以下简称《指导意见》）。《指导意见》分充分认识建立家长委员会的重要意义、明确家长委员会的基本职责、积极推进家长委员会组建、发挥好家长委员会支持学校工作的积极作用、为家长委员会的建设提供有力保障五部分。

安全工作类

《学生伤害事故处理办法》

《学生伤害事故处理办法》（以下简称《办法》）由 2002 年 6 月 25 日教育部令第 12 号发布，自 2002 年 9 月 1 日起施行。《办法》共分为总则、事故与责任、事故处理程序、事故损害的赔偿、事故责任者的处理以及附则 6 章 40 条，主要目的在于指导和帮助教育行政部门、各级各类学校积极预防、妥善处理学生伤害事故。

《办法》的出台将有力地促进学校增强自身的责任观念和预防意识，促进学校（幼儿园）、教育行政部门加强对学生人身安全的保护；将有利于在校学生人身伤害事故的妥善、正确处理，维护学生和学校的合法权益；将建立起良好的法制环境和制度框架，为学校适应实施素质教育的要求，开展多种形式的活动，促进学生身心的全面发展，创造必要的外部条件和有力的保障机制。

《中小学幼儿园安全管理办法》

为加强中小学、幼儿园安全管理，保障学校及其学生和教职工的人身、财产安全，教育部、公安部、司法部、建设部、交通部、文化部、卫生部、工商总局、质检总局、新闻出版总署根据《教育法》等法律法规和国务院的有关规定，制定了《中小学幼儿园安全管理办法》（以下简称《管理办法》），自 2006 年 9 月 1 日起施行。

《管理办法》在安全管理职责、校内安全管理制度、日常安全管理、安全教育、校园周边安全管理、安全事故处理、奖励与责任等几方面做出规定，有利于维护中小学、幼儿园正常的教育教学秩序。

《中华人民共和国消防法》

为了预防火灾和减少火灾危害，加强应急救援工作，保护人身、财产安全，维护公共安全，《中华人民共和国消防法》（以下简称《消防法》）由中华人民共和国第十一届全国人民代表大会常务委员会第五次会议于 2008 年 10 月 28 日修订通过后公布，自 2009 年 5 月 1 日起施行。

《消防法》指出，消防工作贯彻预防为主、防消结合的方针，按照政府统一领导、部门依法监管、单位全面负责、公民积极参与的原则，实行消防安全责任制，建立健全社会化的消防工作网络。教育、人力资源行政主管部门和学校、有关职业培训机构应当将消防知识纳入教育教学、培训的内容。

《校车安全管理条例》

为加强校车安全管理，保障学生交通安全，2011 年 11 月以来，按照国务院部署，有关部门在总结借鉴国内外经验基础上，组织起草了《校车安全管理条例》（以下简称《条例》），2012 年 3 月 28 日经国务院第 197 次常务会议通过，2012 年 12 月 5 日公布施行。

《条例》起草坚持以人为本，确立保障校车安全的基本制度；坚持从实际出发，保证制度规定切实可行的总体思路。一是要针对保障校车安全的主要环节，做出符合我国国情特别是符合农村地区实际情况的校车安全管理规定，切实做到安全有保障，实际可执行。二是应主要规定保障校车安全的制度规范，同时要处理好与符合我国国情的校车总体制度和政策的衔接。三是应考虑地区之间、城乡之间的不同情况，在确立全国普遍适用的校车安全管理基本制度的同时，给地方制定符合本地实际情况的具体办法留出较大空间。

《中华人民共和国食品安全法》

《中华人民共和国食品安全法》(以下简称《食品安全法》)为保证食品安全，保障公众身体健康和生命安全而制定，由第十二届全国人民代表大会常务委员会第十四次会议于2015年4月24日修订通过，自2015年10月1日起施行。

《食品安全法》对学校等集中用餐单位规定，明确将学校等集中用餐单位纳入《食品安全法》，同时对学校等集中用餐单位的基本要求明确实施许可制度，强化食品安全责任。

《中小学(幼儿园)安全工作专项督导暂行办法》

2016年11月，按照党中央、国务院关于安全生产的重要指示精神，国务院教育督导委员会办公室《中小学(幼儿园)安全工作专项督导暂行办法》(以下简称《暂行办法》)正式出台，旨在督促地方政府及各相关职能部门切实履行主体责任和监管职责，确保学校师生生命财产安全，确保学校教育教学活动秩序。

《暂行办法》对校园安全管理工作提出了新的要求和标准，为校园安全工作规范化运行提供了一套完善的体制机制和技术方面的有力支持。《暂行办法》的出台将推进幼儿园安全工作规范化运行。

参考文献

[1]蔡迎旗.幼儿教育政策法规[M].北京：高等教育出版社，2014.

[2]辞海[M].上海：上海辞书出版社，2002.

[3]劳凯声，蒋建华.教育政策与法律概论[M].北京：北京师范大学出版社，2015.

[4]陆士桢，魏兆鹏，胡伟.中国儿童政策概论[M].北京：社会科学文献出版社，2005.

[5]罗洁.幼儿园计划管理实用手册[M].北京：同心出版社，2007.

[6]孙葆森，等.幼儿教育法规与政策概论[M].北京：北京师范大学出版社，2004.

[7]张乐天.教育政策法规的理论与实践[M].上海：华东师范大学出版社，2002.

[8]张文显.法理学[M].北京：高等教育出版社，2006.

[9]张燕.学前教育管理学[M].北京：北京师范大学出版社，2009.

[10]中国学前教育研究会.中华人民共和国幼儿教育重要文献汇编[M].北京：北京师范大学出版社，1999.

[11]朱家雄.当今我国学前教育事业发展面临的主要问题及政策导向[M].上海：华东师范大学出版社，2016.

[12]邓力.懂法・用法・维权[J].早期教育，2005(10).

[13]冯惠燕.为孩子的快乐人生奠基——浅析第一幼儿园办园思路[J].中国教师，2011(02).

[14]国秀华.园长专业引领始自问题发现、诊断与解决[J].学前教育，2008(11).

[15]韩清林.教育政策的若干理论与实践问题[J].当代教育科学，2003(17).

[16]李小红.见义勇为致伤，是否可算工伤[J].早期教育(教师版)，2009(06).

[17]邱云，孙明.设备失修酿大祸[J].早期教育，2003(02).

[18]孙明.疏忽法规埋祸根[J].早期教育(教师版)，2004(02).

[19]谭韵.校长要有洞察力[J].教育，2009(24).

[20]童宪明.幼儿园也是一个"人"[J].早期教育(教师版)，2008(Z1).

[21]王成刚.提升办原品质　彰显办园特色——幼儿园发展规划研究[J].学前教育研究，2006(04).

[22]吴恒山.用教育政策统领学校工作[J].中小学校长，2015(05).

[23]吴回生.论校长的法律素质[J].现代教育论丛，2001(03).

[24]肖永平."五Ⅰ学习法"：学习法律的有效方法[J].中国大学教学，2008(02).

[25]中国科学院"科技领导力研究"课题组.领导前瞻力研究[J].领导科学，2006(11).

[26]周东峰.幼儿园发展规划的制定、实施与评价[J].教育导刊(幼儿教育)，2008(09).

[27]黄翠萍.园长：把好幼儿园发展的"舵"[N].中国教育报，2012-03-25(02).

[28]彭姗姗.创新型校长成长条件与途径研究[D].哈尔滨：哈尔滨师范大学，2010.

[29]张洪华.校长创新研究[D].上海：华东师范大学，2004.